日知文丛

触摸历史

夏春涛 著

浙江古籍出版社

图书在版编目(CIP)数据

触摸历史 / 夏春涛著. -- 杭州 : 浙江古籍出版社, 2020.9

ISBN 978-7-5540-1740-1

Ⅰ. ①触… Ⅱ. ①夏… Ⅲ. ①太平天国革命—研究 Ⅳ. ①K254.07

中国版本图书馆CIP数据核字（2020）第055415号

触摸历史

夏春涛　著

出版发行　浙江古籍出版社

（杭州市体育场路347号　邮编：310006）

网　　址　www.zjguji.com

责任编辑　刘　蔚

文字编辑　王振中

封面设计　吴思璐

责任校对　吴颖胤

责任印务　楼浩凯

照　　排　浙江时代出版服务有限公司

印　　刷　浙江海虹彩色印务有限公司

开　　本　889 mm × 1194 mm　1/32

印　　张　7

字　　数　146千字

版　　次　2020年9月第1版

印　　次　2020年9月第1次印刷

书　　号　ISBN 978-7-5540-1740-1

定　　价　48.00元

目　录

饮其流者怀其源

——追忆董蔡时教授

从1985年攻读硕士学位算起，我一直主要从事太平天国史研究。在研习太平天国史的过程中，祁龙威、王庆成两位恩师对我悉心指导，关怀备至，令人没齿不忘。而最早引导我认识、揣摩太平天国史的，当是我大学时代的启蒙老师董蔡时教授。

苏州大学是我的母校，其前身东吴大学由美国传教士创立于1900年，是中国近代第一所西式大学。以钟楼、红楼图书馆为标志的原东吴大学西式建筑群十分雅致，校园内古树婆娑，小亭、方塔、河水错落有致，东侧为葑门护城河，环境甚美。入学之初，混沌未开的我对治学门径一无所知，对历史系老师全无了解，只是听高年级的学兄介绍，本系在中国近代史教学、研究方面师资较强，分别有专攻太平天国史的董蔡时教授、主治近代经济史的段本洛教授。这使我从一开始便对董先生怀有敬意。时值董先生的《太平天国在苏州》一书问世不久。该书利用翔实资料，详细考察了太平天国营建苏福省的具体举措，太平军苏州保卫战的梗概及其失败原因，并分析了苏福省之得失与太平天国存亡之间的关系，是太平天国区域史研究的一个标志性成果，引起学界关注。我从书店买来此书仔细阅读，从中领略到董先生学识，并由此对太平天国史萌生最初的兴趣。在某种意义上，董先生这本书影响了我日后的学术道路。到了

1984年，董先生新著《左宗棠评传》出版。记得早餐时间，校园广播站重点播出这条新闻，说董先生这本书有新意，对左宗棠作了新评价，认为左宗棠既是镇压农民起义的反动派，又是洋务运动中的爱国派，肯定了左宗棠在中俄伊犁交涉和中法战争中的表现。的确，这突破了以往人物研究脸谱化、简单化的局限，是思想解放、学术发展的体现。

董先生与相对年轻的段本洛教授都比较胖，体态有点像弥勒佛。段先生是云南白族人，讲课声如洪钟、抑扬顿挫，兴头起来时更是声情并茂。有次讲自己当年刚到苏州，平生第一次见到下雪，兴奋得在户外手舞足蹈，我们听了大受感染。某次讲晚清吏治，谈到现实中的一些不正之风，长吁短叹，末了说“我真想写一部新的《官场现形记》”。话音刚落，教室里掌声一片。董先生讲课，语气平缓。记忆当中，他第一次给我们讲课，是应邀来给一年级新生讲如何治学。董先生结合自己治学经历，谈如何阅读史料，如何发现和解决问题，深入浅出，娓娓道来。全班同学正襟危坐，凝神听讲。其情其景，至今仍历历在目。大学四年级时，董先生正式给我们讲授“太平天国史”选修课。选修的同学十分踊跃。董先生在讲课时条分缕析，并不时介绍学术界的最新研究动态，信息量十分丰富。记得在讲到“天京事变”时，董先生先让我们以小组为单位，就杨秀清逼封“万岁”一说是否能够成立进行讨论，然后再由他作总结。这种循循善诱、别开生面的教学方式使我们感到很新鲜，同时也颇受启发。时至今日，我仍然保存着一本厚厚的听课笔记。

董先生待人和蔼，言语诙谐幽默。留给我印象最深的一件事是，在给我们上第一堂课时，他提出先按照花名册点名，与大家熟悉一下。当叫到陈情同学时，董先生赞许这个名字很好听，认为可能采自西晋李密的《陈情表》篇名，并揣测他大概来自知识分子家庭；叫到陆益民同学时，他风趣地加了个注脚，说“益民”就是“为人民服务”的意思；当叫到我名字时，董先生沉吟片刻说：“嗯，这个名字比较有诗意。”大家不时发出会意的笑声。这种独特的开场白一下子拉近我们与董先生的距离。我们原先多少有些拘谨，很快就变得放松起来。没过多久，董先生便能脱口叫出绝大多数听课学生的姓名，使我们不由得暗自钦佩他那惊人的记忆力。

20世纪80年代初的校园生活十分单纯；“左”的影响仍触摸可见，但已然挡不住思想解放的大潮。记得刚入学，我们就被郑重告知，男生不得穿喇叭裤、留小胡子，女生不得穿高跟鞋、留披肩发，更不用说是穿西服——所有这些都被视为崇尚资产阶级生活方式，是必须引起警惕的苗头。但仅过一年，西装便被指定为校服的统一款式，其变化之快，连我们都觉得有点惊讶。西装用廉价布料做成，不分性别均为黑色。某日，在操场列队出操，黑压压一片，冷不丁从一墙之隔的苏州卫校宿舍楼飘出一句“天下乌鸦一般黑”，操场顿时哄笑不已。大家总体上比较保守，感情生活单纯。当时，在校谈恋爱属违反校纪，就连异性之间正常的交往也得小心翼翼，否则就会成为“新闻”，招来周围异样的眼光。邓丽君的歌被斥为“靡靡之音”，但大家都爱听。周末跳交谊舞很快成为校园时尚。校园里不存在今天的学生经商现象，也没有视歌星、影星为青春偶像的追星族。大家手头普遍比较拮据，没有攀比，没有贫富分化现象。而贫困丝毫不影响莘莘学子放飞理想、憧憬未来。记得1981年11月中国女排在第三届世界杯女子排球赛中七战七捷，首次勇夺世界冠军。当晚校园沸腾了，一片欢呼声，接着大家走出校园举行庆祝游行，从十梓街1号一直走到人民路苏州市委大门前。女排教练袁伟民、队长孙晋芳都是苏州人，因此大家显得格外兴奋和狂热。这是一个激昂向上、充满理想和信念的年代，“为中华崛起而读书”成为校园主旋律，学习气氛十分浓厚，每晚图书馆座无虚席，教学楼灯火通明。正因为怀有强烈的求知欲，大家平素对像董先生这样的老师格外敬重。

董先生大学时代曾投笔从戎，作为译员赴湘西前线参加抗日战争，当年一定满是英武之气。我们入校时，董先生年过六旬，可能是积劳成疾的缘故，身体不算太好。仲秋时节，当我们穿绒线衣时，董先生已穿上厚厚棉衣，捂得严严实实。苏南湿度大，阴冷时节不好受。至今我还能回忆起董先生在研究生簇拥下缓步从文科楼前走过的场景。我们临近毕业前夕，董先生因心脏病猝发，住进毗邻校园的苏州市第一人民医院。某日，我独自去医院探望董先生。恰好他正在楼下散步，见到我很高兴，唏嘘不已地说：“鬼门关终于闯过来了。”当时，我已被历史系免试推荐到扬州大学攻读硕士学位。董先生关切地问起此事，并表示即使此事不成，系里在毕业分配时也会为我安排一个合适的工作，因为老师对每位同学平素表现还是比较了解的。听到这番话，我顿时感到心里暖烘烘的。

我的毕业论文是在董先生指导下撰写的。他建议我以亨利·乔治对孙中山先生“平均地权”思想的影响为题，介绍我到本校红楼图书馆查阅《万有文库》等资料。论文完稿后，董先生给予鼓励性评价，同时也指出文中的几处错别字。前者寄寓着董先生对后学的一种期望，而后者则是一种鞭策，使我更加体味到“严谨”二字的含义。

离校前夕，我与某同学结伴到董先生府上辞行，并请他在毕业纪念册上留言。董先生笑眯眯地题写“千里之行，始于足下”八字。于是，带着董先生的临别赠言，带着一丝难以言状的惆怅，我离开令我魂牵梦绕的东吴校园，踏上新的求学之路。

此后十余年间，每当与来自苏州的老同学见面，剪烛话旧之余，我总会问起董先生近况。董先生新著《曾国藩评传》《胡林翼评传》问世后，我逐一认真阅读。董先生在研究太平天国对立面上别树一帜，侧重从人际关系角度，剖析曾国藩、胡林翼、左宗棠、李鸿章、沈葆桢等人之间错综复杂的关系。见到报刊上不时发表董先生的论文，加之听说他的身体较为稳定，我颇感欣慰，猜想董先生的健康状况一定已有改善。

1997 年 10 月，母校王建华教授一行来北京出差，我这才得知董先生已于月前病逝，享年 77 岁。闻此噩耗，我先是一愣，随即感到不解——为什么不把这个消息告诉我呢？我原本至少可以发去唁电。后据解释，社会学院（原历史系）给我发了电报，可我确实没有收到这份电报。不过，无论哪个环节出了差错，我都为自己的失礼而自责、懊悔。

次年 8 月，我如约写出《从塾师、基督徒到王爷：洪仁玕》一书。在该书“后记”，我开头就写道：

细说起来，我对太平天国史最初的认识始于在苏州读大学时。苏州曾是太平天国苏福省的首府，在城内及周围的县城乡镇，至今仍保存着不少太平天国的遗址、遗物，民间也流传着许多有关太平军的传说。我利用地理之便，常去凭吊古迹。眼前的一砖一瓦似乎在向我展示着太平天国盛衰兴亡的轨迹，诉说着那段跌宕起伏的历史，不时勾起我的怀古之幽情。当时，董蔡时教授（年前驾鹤归仙）开设“太平天国史”选修课，使我得以粗涉太平天国史。……

北周庾信《征调曲》有云：“饮其流者怀其源。”饮水思源，董先生无疑是引导我研究太平天国史的启蒙老师。因此，我希望借助这一段文字来寄托哀思，表达一份敬意。

想象当中，董先生在撒手人寰时一定十分安详，因为他给他的学生留下一份温馨回忆，给后世留下350余万字著述。世间唯有精神的东西才是不朽的。身处北国，我时常会回想起姑苏校园春季的绵绵细雨，秋日的幽香桂花，以及文科楼前那棵树冠很大的合欢树，回想起董先生的音容笑貌。我想，董先生所有的学生都会抱有类似的情怀。董先生在天之灵倘若有知，一定会颔首微笑的。

（1999年2月初稿，2019年12月改写）

宿望冠学界 令名留丹青

——忆恩师祁龙威先生

研究生阶段的师生关系近似过去的师徒，私人关系近，互动多，不再像本科那样，老师面对的学生是一大群人。祁龙威教授是我攻读硕士时的指导老师。我们学生习惯和周边的人一样，平素尊称他为“祁先生”。

一

祁师 1922 年 2 月生，常熟港口镇（今属张家港市凤凰镇）人。出生富厚之家，祖父经营染坊土布业发家，拥有良田千亩。自小受到良好教育，5 岁入私塾，随吴仲渊老秀才读《诗经》《论语》《左传》等书。12 岁考入常熟私立孝友初级中学，校长为清末进士张鸿。寒暑假日，从同乡老秀才陆蔚章学古体诗。经常熟名士、年长 27 岁的表兄杨无恙介绍，师从邑中宿儒金叔远先生学古文辞。当代著名学者戴逸先生曾从金叔远先生学《史记》两个月。他回忆说，“龙威学长在金先生门下，较我为早，时间也长得多，与叔远师关系密切，我很羡慕他长时间得到名师的传授，所以形成了深厚的学术根柢”。

1937 年，祁师 15 岁，考入苏州东吴大学附中高中部。时值日寇大举侵华，被迫辍学并避居他乡。年后到上海，入迁至租界的东吴大学附中复课。1939 年，经表兄杨无恙引荐，师事在光华大学任教的国学巨擘、著名诗人金松岑先生。这段经历对祁师影响甚深。金氏名天翮，吴江同里人，南社重要成员，早年为反清救国奔走呼号，应蔡元培之邀赴沪参加中国教育会，与章太炎、邹容结交。1932 年在苏州参与创建中国国学会，与章太炎同为主讲人。二人与李根源义结金兰，在苏州中学校园合影留念，章氏为之题写“岁寒三友”四字。日寇侵占苏南后，金先生避至上海公共租界，应聘在光华大学讲学。祁师随金氏读清代朴学鼻祖顾炎武著述，与章太炎晚年入室弟子朱季海、贝仲琪、王仲荦交游，浸染其中，撰《释名补笺》《南唐书考异》等篇，初窥乾嘉朴学之堂奥。

1941 年，祁师高中毕业，考入东吴大学化学工程系。太平洋战争爆发后，日寇进占上海租界，东吴大学内迁，光华大学解散。金松岑先生归隐苏州。祁师回常熟，仍断续从金先生问学。1945 年抗日战争胜利，东吴大学文理学院在苏州复校。祁师返校，改读物理系。1947 年初，金先生病逝。同年秋，祁师得同门前辈举荐，应上海法学院之聘，任教文史，从此弃理从文并以教书为业，时年 25 岁。

中华人民共和国成立前后，祁师在上海法学院、震旦大学、上海法政学院等校任教。1951 年，入华东人民革命大学政治研究院学习，同年 10 月加入九三学社。结业后，分配至江苏省常州中学任历史教师，从此一直从事历史专业。太平天国史研究当时是门显学，苏南是太平军重点经营之地。祁师在常州开始研究太平天国史。1954 年，调至扬州苏北农学院附设工农速成中学任教。

1956年10月，祁师调到九三学社中央宣传部，编辑《社讯》，得以直接聆听许德珩主席教诲，接触到唐长孺、金克木、启功、吴于廑等九三学社内的文史名家。每晚到北京图书馆看书、查资料。星期日整天泡在馆内，自带面包，不出来吃饭。利用业余时间写出《从〈报恩牌坊碑序〉问题略论当前研究太平天国史工作中的偏向》一文，1957年5月23日在《光明日报·史学》整版发表，一举成名，时年35岁。罗尔纲先生回忆说，同年初夏，中国科学院哲学社会科学部（中国社会科学院前身）开会，讨论预备在秋天召开的全国史学界代表大会，与会的青年史学家只有两位，一位是戴逸，另一位就是祁龙威，“我在会场上结识了他们”。

1957年8月，祁师入苏北师范专科学校（扬州师范学院前身）教书，从此在扬州定居。在太平天国史研究上续有收获，撰刊多篇论文，搜集、整理《漏网喁鱼集》《劫余小记》等资料。研究领域也有所拓展。譬如，1957年下半年起，祁师率部分师生奔走江苏各地，包括偏远乡村，搜集散布于民间的辛亥革命文献、文物和口碑，获50余万字资料，整理选编为《辛亥革命江苏地区史料》，1961年由江苏人民出版社出版，为学界瞩目。胡绳先生名著《从鸦片战争到五四运动》多次引用该书。通过在南通走访，祁师接触到有关张謇及大生纱厂的资料，成为国内张謇研究的拓荒者之一，发表多篇论文。自1962年起，祁师整理、笺注《张謇日记》，为此长住北京搜访资料，用力甚勤。章开沅先生回忆说，1964年他在中华书局撰写张謇传，“祁龙威当时也在这里校注张謇日记，我们正好从事同一历史人物的研究，朝夕相互切磋，获益更属匪浅”。这几年是祁师的学术黄金期，成果多，且在专题研究上多有开拓之功，如《论清末的铁路风潮》（刊《历史研究》1964 年第 2 期），以及《乾嘉史学初探》《前后清流的悲剧》《帝党与戊戌变法》等论文。在同辈学者中，祁师无疑属佼佼者之一。

不过，接踵而至的政治运动令人惊惶不安。据祁师讲，1955 年，他的朋友、复旦大学中文系教授贾植芳受“胡风反革命集团案件”牵连，被打成“胡风分子”入狱。专案组让贾交代与学术界其他人的关系。问到祁师，贾说只是一般认识。祁师因此未受牵连。时隔 30 年，祁师谈起此事，仍感慨不已。贾先生活得有尊严和风骨，强调要把“人”字写得端正些，令人肃然起敬。

1956 年调到北京后，祁师因大环境而踌躇；“大鸣大放”背景下的纷乱、反右派斗争前夕的众生相，更使他萌生去意。《光明日报》总编辑储安平是九三学社宣传部副部长，兼任《社讯》主编，是祁师的直接领导。在返回扬州过江的汽轮上，祁师读到《人民日报》社论《这是为什么？》，不禁心有余悸。他后来回忆说：“我当时离开北京，等于离开了右派。如果留在北京，风险很大。不过，如果我没去北京，后果也很难说。我从上海法政学院调到常州工农速成中学教书，多少有点情绪，有点牢骚，弄不好也是在劫难逃。如果我被打成右派，我的这个家，还有我的两个儿子……想起来真是可怕啊！”

但祁师终究没有躲过政治风波。1964 年 8 月，祁师在上海《文汇报》发表《试论李秀成》一文，观点与戚本禹相左，认为李秀成虽晚节不终，但功大于过。到了“文化大革命”，这成为祁师一大罪状，被关“牛棚”七个月。据云当时造反派很兴奋，说李秀成评价问题在江苏挖出两条大鱼，一是祁龙威，另一是南京大学的茅家琦。我在苏州念大学时，祁师到历史系作学术报告，谈到此事。主持讲座的是研究美国史的张梦白教授。只是我当时根本没想到，祁先生两年后会成为我的导师。

改革开放新时期的到来使祁师命运发生转折。1978 年，祁师被评为副教授，迎来学术第二春。1980 年，受命恢复已停办 17 年之久的扬州师范学院历史系。1982 年开始招收硕士研究生。1986 年升教授。1995 年退休，仍笔耕不辍。

二

重视考证、精于考证是祁师治史的鲜明风格。考证学是一门对古籍文字音义及古代名物典章制度等进行考核辨证的学问。考证方法的运用最早可追溯到先秦《吕氏春秋》一书。宋代司马光《资治通鉴考异》、明代陈第《毛诗古音考》是早期的考证学著作。清代，考证学又名朴学、汉学或考据学。清初顾炎武摈弃晚明空疏学风，以考据方法撰《日知录》等，开一代朴学之先路。至乾嘉时期，考证学达到极盛，惠栋、戴震、赵翼、王鸣盛、钱大昕、段玉裁、高邮二王等名家辈出，形成清代学术主流，故梁启超有“夫无考证学则是无清学也”一说。民国初年，王国维提倡“二重证据法”，胡适提出“大胆的假设，小心的求证”，顾颉刚创建“古史辨派”，标志着东西学术交融背景下实证派学者的异军突起。伴随着马克思主义在中国的传播，郭沫若、吴承仕、范文澜等学者将唯物史观与考证学相糅合，打开了史学研究新天地。

祁师重视文献、典章制度和学术史研究，推动建设太平天国文献学，倡导、组织扬州学派研究，同时服膺唯物史观，强调不能为考据而考据、钻牛角尖，应小处入手、大处着眼，留心从宏观层面和理论角度探讨问题。1957年发表《从〈报恩牌坊碑序〉问题略论当前研究太平天国史工作中的偏向》一文便是一例。常熟报恩牌坊建于1862年仲春，其碑序有云："禾苗布帛，均出以时；士农工商，各安其业。平租佣之额赋，准课税之重轻。春树万家，喧起鱼盐之市；夜灯几点，摇来虾菜之船。信民物之殷阜，皆恩德之栽培。"一些论著据此描述太平军占领苏南后民众安居乐业的盛况。祁师通过排比资料、考订史实，指出常熟此时实际上被钱桂仁等叛将控制，他们密谋叛变，对农民横征暴敛，导致民生凋敝，社会动荡；立此碑是为了掩饰真相、麻痹忠王李秀成，碑文描述的太平景象纯属虚构。他批评了时下研究工作中存在的偏向：刻意渲染对太平天国有利的资料，而不论其所言是否真实；凡与之相左的资料，则一概当作"地主阶级的污蔑"加以排斥。祁师认为，这就在自己和读者面前筑起了一道隔离历史真相的高墙，不利于将研究工作推向前进。在学界普遍一味美化太平天国的情形下提出纠偏，这需要识见和勇气。该文发表后引起不小反响。金冲及先生1988年主持我们论文答辩时说：你们祁老师是专家，50年代就已经成名。大概即指此文。再如，20世纪70年代末，祁师借鉴清儒戴震"由字以通其辞，由辞以通其道"之法，撰《释"功勋等臣，世食天禄”》一文，对所谓《天朝田亩制度》是太平天国推行人人平等的纲领性文件的传统观点提出质疑，由小处入手，由此引出涉及治乱兴亡的重大理论问题。

祁师研究太平天国文献，尤以对文献史料的考订、校注、辨伪见长，先后校注清人柯悟迟著《漏网喁鱼集》（中华书局，1959）等，编注《洪秀全选集》（中华书局，1976）、《洪仁玕选集》（中华书局，1978）。所撰《太平天国史学导论》（学苑出版社，1989）除专论文书、印书和文物研究史略外，还重点进行史料辨伪。太平天国史料汗牛充栋，但鱼龙混杂真假难辨。关于清人笔记《燐血丛钞》之真伪，学术界存有争议。祁师仿效清儒阎若璩辨伪古文《尚书》之法，取相关真实史料与《燐学丛钞》相比勘，查勘出大量破绽，并发现书中不少内容抄自大伪书《江南春梦庵笔记》，遂判定后者为近人伪作。该结论得到罗尔纲前辈的赞同。再如，《太平天国文书汇编》（中华书局，1979）根据浙江博物馆藏原抄件，著录太平天国东阳县卒长汪长明抄存的“禀”“呈”“批示”共30件。祁师根据太平天国避讳制度，令人信服地考证出后14件是清地方政府文牍，并非太平天国文书。《太平天国经籍志》（广西人民出版社，1993）是祁师从事太平天国文献研究的一个总结性成果。该书首对太平天国印书逐一解题并校勘版本，复就近人所编太平天国文献进行述评，并采用“以字证经，以经证字”之法，分类笺释太平天国的专用字词；另专论“伪书考辨”，归纳出三条经验：充分发露破绽；抓住作伪铁证；愈经反复，真伪愈明。

在长期以考证治史的基础上，祁师于2003年由广陵书社推出《考证学集林》一书。戴逸先生认为该书“实有筚路蓝缕开辟榛莽之功”，“是对中国近代史和考证学的有力促进和重要贡献”。他在序言中说，“做考证工作要有两个条件，一是学问渊博，见多识广”，“二是有科学头脑，逻辑训练，认真求证，广密推理，一丝不苟”，“龙威同志具有这两方面的优长，故而他运用考证方法治中国近代史，能得人所不能得，能见人所不能见，能言人所不能言”。诚哉斯言。祁师在书中从理论高度，对考证学发展脉络进行系统梳理和科学总结，对考证学的概念、方法与准则作了深入阐释，提出不少真知灼见。例如，该书逐一分析了乾嘉学派、胡适在运用考证方法上的贡献和局限性，指出只有在唯物史观与考证学相结合后，考证学才跨上更高峰，其特征主要体现在两个方面：一是用矛盾对立统一的事物发展法则取代胡适的“大胆的假设，小心的求证”十字法则，重新表述学者在从事“校勘”“辨伪”“考异”等工作中的思维发展程序，即发现矛盾，充分揭露矛盾，并使用归纳比较法最终解决矛盾；二是不再受静止、孤立、片面的形而上学世界观的影响，为克服钻牛角尖、就事论事、割断因果等弊病提供依据。祁师强调，考证重在证据，只有证据确凿，才能作出结论，因此，考证学的准则是“言必有据”，而不能凭传闻，凭记忆，凭印象。关于如何运用考证为中国近代史研究服务，祁师提出七要素：（一）必先建设目录学；（二）继续发展辨伪学（辨伪书，辨伪物）；（三）辨误（辨笔记资料之误，辨社会传说之误）；（四）利用人证；（五）重视调查访问的资料；（六）清理历法；（七）熟悉制度与地理。他主编《辛亥革命江苏地区史料》，便是一个生动例证。

考证不是历史研究的唯一方法，但却是不可替代和超越的一种方法。求真是历史研究第一要务；没有考证，也就没有信史可言。令人忧虑的是，目前考证方法的运用没有受到应有重视。尤其是一些青年学人，对考证学缺乏兴趣和认识，一味热衷于追捧、照搬西方的理论与方法，囫囵吞枣，急功近利。其实，考证是东西方治史的共同法则。新方法的运用不等于标新立异，同样需要以考证工作为基础，否则便是舍本逐末，所得出的结论就会流于空泛或荒诞，无法准确地认识和把握历史。至于研究成果低水平重复、片面追求轰动效应等现象，则从根本上背离了考证学“打破砂锅纹（问）到底”的严苛精神。就此而论，《考证学集林》给予我们的启示已不单纯局限于考证学本身。

约 1999 年晚秋，祁师送我一份“论著存目”。他在扉页写道：“我生已 77 岁又半，体气渐衰，于是自编‘论著存目’，付印分交门人及儿孙等留存，以免一朝与云烟俱散。”并谦逊地说：“我发表过的文章不少，而可存者寡。岁月逝矣，补牢已晚，志此以供后贤借鉴。”90 华诞时，祁师编成《祁龙威学术论文选》，后由学苑出版社出版。祁师从事学术研究 60 余年，著述甚丰，名篇不少，而这本集子仅辑录 11 篇文章，可谓少而精。其发表时间横跨 55 年，内容涉及太平天国、戊戌变法、辛亥革命以及考证学、清代学术史，具体体现了祁师的治学特点，并从一个侧面反映了他在相关研究领域的学术建树。

主撰《朴学志》是祁师对考证学及清史研究的一大突出贡献。清史纂修是新中国成立以来规模最大的文化工程，祁师众望所归，主持其中难度很大的《朴学志》项目。该卷交稿后，广受好评。国家清史编纂委员会主任戴逸先生有云："审音识字，专门之学，祁君所论，今几绝响矣！"在他提议下，《清史研究》2012年第1期全文刊登祁师修史时所写日记，并特意加了按语曰："祁龙威，扬州大学教授，年届九旬，是我国老一辈著名史学家。2004年起，主持《清史·典志·朴学志》项目，呕心沥血，六届寒暑，笔耕不辍，精心架构《朴学志》，亲自撰定'概述'和'小学篇'之外，完成全书的整合统稿，为新修《清史》贡献出一部佳作。在编撰过程中，还撰写了三万余字的《修纂〈清史·朴学志〉日记》，刊于《扬州文化研究论丛》第六辑，2011年由广陵书社出版。江苏省常熟市档案局原局长沈秋农先生在品读祁先生的工作日记后，感慨良多，欣然命笔，成《壮心不已成大著》一文。今将二文发表，以飨读者，并与《清史》同仁阅读共勉。"日记结语写道："老驽负重，力竭汗喘，勉强完卷。经验仅有两条：一曰虚心。自知学术浅陋，唯有边学边写。二曰刻苦。做到夜以继日，不畏寒暑。"读来令人感慨不已。在我看来，该日记不仅为清史工程留下一份珍贵史料，还有励志价值。

三

我大学毕业那年，国家首次实行研究生招生改革，每年从应届毕业生中选人免试攻读硕士学位（须通过外语考试进行选拔）。我被免试推荐到祁师门下。到扬州面试返校后，某日意外收到祁师寄来的九三学社某刊物，封面赫然题写"赠春涛吾弟"

数字。惶恐之余，我意识到这是一位老派学者，内心对祁师平添几分敬意。

祁师与学生很亲近，嘘寒问暖。闲暇时，常领着我们几个后生在校园散步、泡澡堂，或是逛书店，去九三学社扬州市委会办公室——祁师时任九三学社中央委员、扬州市委主委。在这种轻松气氛中，他给我们讲学界掌故，讲他的老师金松岑、表兄杨无恙的文人风骨和民族气节。祁师说，金松岑先生是晚清谴责小说《孽海花》的原作者，写至第六回而辍，由曾朴续写。日寇侵华后，金先生与诸生讲“内圣外王”之学，恢宏民族大义。1942 年春，祁师从常熟到苏州看望金氏，在阊门外过铁路时没有向日军鞠躬，被猛抽耳光，眼冒金星、两耳嗡嗡响。金氏写诗抚慰，内有“云气时而灭，龙藏敛角爪”句，坚信日寇终将败亡。该条幅为祁师珍藏，“文革”期间被抄，被丢弃在校图书馆某旮旯，侥幸保全，后被祁师捐赠给常熟档案馆。谈到表兄杨无恙，祁师说，杨是江南名士，工诗文、擅书画，苏南沦陷后生活困顿，但始终拒绝到汪伪学校任教，以担任伪职为耻。友人梁鸿志沦为汉奸后，他断然与之绝交，曰“吴越异路，请从此辞”。至于新中国成立后的学界，祁师谈得最多的是罗尔纲、荣孟源等前辈。1985 年 11 月荣先生在京病逝，我遵嘱到邮局为祁师发去唁电。那几日，祁师明显有些伤感，说荣老 1936 年入党，任延安师范教导主任，为校舍与中共西北局书记高岗发生争执，上书毛泽东，毛泽东批“岂有此理”四字。荣氏为此丢了党籍，1957 年又被打成“右派”。祁师又谈起一件往事，说自己在扬州见到一幅太平天国遵王赖文光藏汉砚的拓本，喜出望外，当作新史料，据此于1956年在《光明日报》发表文章，认为赖氏是知识分子出身的农民革命英雄。荣老随即刊文，指出该藏砚是赝品，破绽甚多，特别是赖文光署爵“平天贵”，与太平天国官制不符。祁师说，以荣老的资历和影响，他要是署名发表这篇文章，我作为年轻人就完了；荣老没有用真名，用了“于之夫”这个笔名，这就变成商榷文章，给我留了面子。祁师感慨地说：这件事给我一个教训，做学问要小心，那时有点成名心切。又说，荣老对他很赏识，某次开会，有学者向荣老请教近代史资料的某个问题，荣老朝他努努嘴：喏，你去问祁某人，他都清楚。祁师用心讲，我们认真听，在潜移默化中受到感染和影响。

在扬期间，祁师指导我们读梁启超《清代学术概论》等书，训练我们以考据治史，给我们讲太平天国史学史，讲如何运用目录、版本、校勘之学来研究太平天国文献，讲如何进行史料辨伪、史实考异，并一再强调言必有据、无信不征、孤证不立等准则。在他指导下，我们重点围绕太平天国典章制度撰写学位论文。“功底”“根柢”是祁师平时再三强调的概念。他还谈到“绩学”一词，说“绩”就是把麻搓成绳或线，治学犹如老妪搓麻或织布，要耐得住寂寞，打好基础循序渐进。

祁师对我格外严格要求，曾给我定下几条规矩，包括在三年读研期间不准谈恋爱，不准抽烟，周末回家要请假。祁师还给我开过“小灶”，专门给我讲音韵学入门知识，从顾炎武、戴震、钱大昕、段玉裁讲到章太炎、黄季刚，讲轻唇音、重唇音、舌上音、舌头音之区分，见我听得如堕五里雾中，方才打住。《呤唎〈太平天国革命亲历记〉史料探源》是我研究太平天国史的处女作，1986年发表在南方某刊物，由祁师亲自修改并推荐。同年夏，祁师带华国梁师兄和我一同到北京，拜访了罗尔纲前辈、王庆成研究员和北京师范大学张守常教授等，安排我们到中国第一历史档案馆查阅军机处录副奏折。

总之，在扬三年，如坐春风，给我留下一份温馨回忆。这三年是我学术道路的起点，为我日后的学术成长打下一个良好基础。即便后来兼顾当代理论问题研究，这段治学训练仍给我提供了帮助。饮水思源，内心对祁师十分感念。学术有兴替，时代不同，人们的知识结构和研究重点必然会有变化，这是大势。但传统治学方法关乎治学基本功，关乎中华优秀传统文化的传承，实在丢不得。令人欣慰的是，如今国学研究受到重视，一些高校相继成立专门研究机构。但一个不容回避的事实是：人们的国学知识总体上随年龄大小呈递减趋势；新的文化精神尚未真正树起来，过去好的文化传统又变得越来越隔膜。如何从根本上扭转这一现象，须从长计议。

我北上继续求学乃至留北京工作后，祁师仍对我呵护有加，曾令我持函拜见戴逸先生、时任中国社会科学院副院长的刘吉先生（缪师母侄婿），用心良苦。此外，祁师仍继续给予我指导，即便旅居海外期间也未中断，谈得最多的是治学方法。1999年11月9日手札有云：“我更预期二十一世纪的我国史坛乃是唯物论与爱国主义并存的局面。愿吾弟留意于此，转向通论，勿局限于觅新史料作专题研究，则成业更未可量矣。”同年11月25日来信亦云：“研究太平天国史的潮流，自有其历史背景。……深愿贤弟留意于此，对大部头史料，如《档案史料》（指26册

《清政府镇压太平天国档案史料》，引者按）、胡曾左李等全集，下巨大功夫，在深厚的基础上求其会通，写出一部新的太平天国史来。这才是对老一代史学的新发展。”2000 年 2 月 14 日来函又叮嘱说：“治史贵在方法。罗先生（指罗尔纲先生，引者按）之所以博大精深，在于他既绍承清阎若璩等传统的考据学，又接受胡适等实证主义的熏陶，聚石成山，汇流为海，以是成为当代研究太平天国史的泰山北斗。深愿贤弟留意于此，于方法精良和基础深厚上用功，不局限于发现一二史料、攻克一二专题，则新一代恢宏简、罗等遗业者，非贤弟而谁！”祁师一再给予我鼓励。2000 年 11 月 6 日在澳洲来函说：“日前，友人将你于五月中刊登于《北京日报》关于李秀成评价一文复印寄来。甚喜文笔比前老练多了，对问题也说清楚了。”每次读祁师手札，我都倍感亲切。这种师生感情成为我生活中的精神支柱之一。虽然数次搬家，但祁师手札无论长短，我都保存完好，计有 40 余件。

祁师在北京有不少朋友，有时嘱我代为致意，如近代史研究所的刘桂五、孙思白先生，中华书局的李侃、赵守俨先生，等等。与王庆成先生互致问候最多。2000 年元月，祁师叮嘱给内蒙古大学原副校长胡钟达先生打一电话，“为我贺新千年之喜”。胡先生复函，内云：“去岁既承赐书问候，又复遣弟子通报尊况。故友深情，至感至感！”数月后，胡先生遽归道山。当年风华正茂的友人纷纷老去或仙逝，祁师嘘唏不已。

成为祁师门生的这 20 余年，正值中国社会发生翻天覆地变化。祁师亲历神州巨变，欢欣之情溢于言表。1996 年春节，在美国匹兹堡赋诗一首曰："异国逢春节，神飞到故乡。拥书忘岁迈，对酒庆年康。冰雪终成水，乾坤正换装。和风随暖日，吹绿大江旁。"2000年9月19日，在悉尼来函曰："91年去美国，感兴趣的是搜史料。94年再去美国，兴趣转向探讨方法，于是有《考证学与中国近代史研究》、《我与考证学》等成果。此番到澳，兴趣又向往哲理，总想如何在文化上促进祖国富强。"2001年7月中国共产党成立80周年，祁师在扬州赋诗云："八十年前事，生民水火中。群英谋国是，建党起东风。帷幄功收效，江河血染红。永垂千古迹，青史赞愚公。"对于祖国统一大业，祁师也十分关注，在南京作《静海寺感赋寄台湾友人》一诗："举国腾欢日，南天一岛还。莫忘清季辱，牢记白门哀。永息内争祸，严防外侮灾。匹夫同有责，共筑太平台。"这种情怀很有感染力。

1992年，我将博士论文修订出版，祁师慨然赐序，并特意关照说，论文是在王庆成先生指导下撰写，要把王先生的序放在前面。2005年9月，拙著《天国的陨落——太平天国宗教再研究》被确定收入国家清史编纂委员会《研究丛刊》，我请祁师写序。祁师时年84岁，而出版社催稿甚急，故我颇有些忐忑。孰料祁师搁下手头工作，随即赶写出2500字的序寄来，并多次来电话询问是否已收到，感人至深。

身处北国，我时常会想起扬州，想起绿杨城的二分明月，古运河的旖旎神韵，大明寺的暮鼓晨钟，瘦西湖的长堤春柳，想起曾经在这里度过的青春岁月，更会想起我的恩师祁先生。因为有祁师，当代扬州平添几分学术底蕴和人文色彩。因为有祁师，我多了一份返乡动力。2005年11月1日，扬州召开“祝贺祁龙威先生执教暨学术研究60周年座谈会”，及门弟子纷纷赴会庆祝。戴逸先生发来贺电曰：“龙威教授博学多闻，文采斐然，人竞识荆，士希立雪。江淮才俊，挹开府之清新；东南师表，比贾马之博雅。仆谊属桑梓，忝附学弟，谨申敬仰之情，驰电心仪，言不尽意。”中共扬州市委常委、宣传部长、文史名家赵昌智先生盛赞祁师是“当代扬州学人的一面旗帜”。祁师在答谢时说：“我今年84岁，饱经忧患。青年时，遭遇八年日寇侵略战争，兵荒马乱，国破家亡。中年经历‘文化大革命’，‘十年浩劫’，九死一生。老来的一点觉悟，就是只有国家好了，个人和家庭才有幸福。这是千真万确的真理。相信我的学生们个个爱国，一定会全心全意把自己的聪明才智奉献给伟大祖国。”闻者动容。

祁师与师母2000年移民澳大利亚，但仅住九个月便回国。他说：“这里有我的专业，还有九三学社的组织关系，让我割舍不得。”祁师住房不大，家中多来几个人，小客厅就挤满了。他本可以换个大房子，但他不要，不想讲排场。尽管生活上要求不高，祁师怡然自得。金冲及先生回忆说，1998年在扬州举行中国史学界第六次代表大会，远远看到接站的他一袭长衫、轻摆折扇，微笑着慢步走来，便打趣说：“祁公，你怎么像个‘地方士绅’了？”祁师好客。上海沈渭滨教授说，1983年在扬开会，经陈旭麓教授荐引，他拜见了祁先生，还享受了祁先生作东的“全鱼宴”。中华书局赵守俨先生之子赵珩在《逝者如斯》一书中深情回忆祁师在扬州招待他的场景，以淮扬佳肴为引，铺叙老辈的那份友情，写得很感人。

从上世纪 90 年代起，每逢春节，祁师和师母邀约众弟子来扬聚会，除出国外从不间断，形成惯例。2000 年 1 月 12 日祁师来函说："现在我朝夕盼望，你春节早些南归，多叙几次。因为明确地说，来年夏秋之交，我夫妇一定要去澳洲了。所以巴望你们此次春节一定来，难得畅叙。"我们学生更是翘首以盼，每次都很欢愉。我承担国家清史纂修工程《通纪·第六卷》项目后，师生见面多了一个话题，祁师总会关切地询问我写作近况，并介绍他主持的《朴学志》进展情况。

祁师 90 华诞时，众弟子趋贺，其乐融融。此时祁师出门须坐轮椅，但精气神尚好。席间，有人问起祁师长寿之道，祁师略作沉吟，以"六不"作答：不抽烟，不喝酒，不锻炼，不体检，不忌口，不吃水果。众人听罢大笑。其实祁师好酒。章开沅先生回忆当年与祁师在中华书局朝夕相处的日子，说"祁龙威是名士派，我也跟着他过了一阵子有点名士派头的生活"，"龙威不抽烟，但离不开酒"，两人时不时出去喝点小酒，"他喝白酒，我喝啤酒。吃点小菜，喝点小酒，聊一聊学问，那真是一段惬意的生活"。祁师后来抽了十几年烟，戒了；再后来出于健康考虑，又戒了酒。1993 年 8 月 21 日来函有云："我劝王先生（指王庆成先生，引者按）戒香烟，也希望你不吸烟。烟对肺危害极巨，我已不吸十六年矣。顷函李侃大兄，也持此说。"

祁师重感情，晚年更加怀旧。罗尔纲前辈与祁师治学风格相近，属忘年交。1986 年夏，我随祁师拜访罗老。两人话题围绕太平天国史学史展开，谈兴甚浓。罗老是广西贵县人，祁师是江苏常熟人，口音都很重，罗老之女罗文起老师和我便不时客串“翻译”。这一幕很温馨，我至今记忆犹新。罗老病逝，祁师怅惘久之。2011年8月《罗尔纲全集》出版后，我转达罗老家属之意，请祁师写书评。考虑到祁师年事已高，我踌躇再三，不意祁师满口应承，很快写出《为太平天国史学鞠躬尽瘁——敬书〈罗尔纲全集〉后》一文，交《扬州大学学报》发表。祁师不会用电脑，文章一律手写，一笔一画，一丝不苟。以九旬之身写出近2万字文章，这该付出多少心血？我不忍想。据祁师同年12月20日来电话讲述，这篇文章写了近三个月，写在一个笔记本上，计60页。末了，祁师叹曰：这样的长文，怕是以后写不了喽。该文详述罗老为太平天国史学作出的卓越贡献，开篇即云：“史学界有巨匠曰‘罗尔纲’。他毕生以考据治太平天国史，把对考据方法的应用，推上了乾嘉学派、实证论者等所未能达到的高峰。罗氏继萧一山、简又文、郭廷以等而起，为太平天国史学大厦奠基。近百年来，一人而已。”又云：“罗先生之所以成为当代太平天国史学泰斗，其主要原因是：孜孜不倦和虚怀若谷。我们纪念罗先生，就是要学习他的好学和虚心。”结语曰：“深愿薪尽火传，相信后生中必有仰慕先生之史德史学而善继其志事者。罗先生不朽。”肺腑之言，十分感人。

祁师写出书评不到两年驾鹤西归，而心愿未了。我曾转述庄建平研究员之意，邀祁师就其治学经历写口述史：他口述，找学生记录整理。祁师很感兴趣，拟出写作提纲《学海浮沉录》，计6章，分别是“初探国学”“立志继承乾嘉考据学”“攀登大学讲台”“考证中国近代史”“探讨考据学的理论与方法”“将乾嘉朴学载入史册”，线索清晰完整。可惜，2013年1月25日，祁师因意外摔跤骨折，写作戛然而止。春节返扬，我到扬州中医院看望祁师。祁师郑重提出，想把我们当年的硕士论文整合成《太平天国八志》一书——师兄弟分别以地理、官制、天历、律法等为题，我以服饰为题。同年5月，我应田汉云教授之邀，返扬参加“海峡两岸清代扬州学派学术研讨会”，再去看望病榻上的祁师。祁师交待两件事，一是重提编写《太平天国八志》；二是嘱我为即将出版的《祁龙威学术论文选》写序。为促成《太平天国八志》出版，我联系好了安徽某高校出版社，但写作涉及八人，想法不一，最终不了了之。至于写序，我颇感惶恐，未敢从命。7月，祁师文集出版。我恭恭敬敬写了书评，题为《恩师祁龙威先生》，9月25日《中华读书报》刊发。不到两月，祁师溘然长逝。乍闻噩耗，悲从中来，以至在拨通戴逸先生电话后泣不成声，惊得戴先生连连劝我“节哀”。赵昌智先生所献挽联曰：“少壮倾心天国史宿望冠学界　耄耋领衔朴学志令名留丹青”。11月26日上午，祁师遗体告别仪式在扬州西屏山殡仪馆举行。我作为祁师学生代表发言，数度哽咽。多情自古伤离别，何况这是永别，逝者是我的恩师。

祁师安葬在扬州茅山公墓。一年后，我返扬参加追思会、纪念文集出版等活动。到墓地祭奠时，忽大雨滂沱。扬州二分明月仍在，然师生聚会已成绝响。

同在2014年，我应约编出《中国近代思想家文库》之一《洪秀全 洪仁玕卷》，在该书“导言”结尾特意写道：“祁师于去年11月溘然长逝，享年92岁。20世纪70年代，祁师曾编辑《洪秀全选集》、《洪仁玕选集》（中华书局 1976、1978 年版）。时隔 30 多年，笔者接着编洪氏兄弟文集，不禁感喟不已。谨以此书寄托对祁师的怀念之情。”

最近，与浙江古籍出版社谈妥，出版祁师《考证学集林》一书增订本。我选定篇目，增收近 20 篇文章。我想，这是表达对恩师敬意的最好方式。

（2019 年 12 月）

不俗文章 无瑕人格

——忆恩师王庆成先生

曾有学者对我说：你有两位好老师，祁先生、王先生都是好老师。王先生即王庆成先生，我 1988 年入中国社会科学院研究生院攻读博士学位时的导师。这层师生关系延续 30 年，王师对我影响之大不言而喻。

一

王师生于 1928 年 4 月，浙江绍兴市嵊县（今嵊州市）桃源乡人。其父毕业于北京大学经济系，是当地首位受过高等教育的人。1942 年日寇入侵浙东，王师时年 14 岁，随母亲躲避至深山，在甘霖镇的家中房屋被焚烧一空。王师回忆说："这次逃难，山农的善良，山村风光之优美，与邻人的相识，给我留下了终身难忘的印象。"次年母亲病逝，王师作为家中长子，与姐姐带着年幼的弟弟、妹妹长途跋涉，赴西南投靠父亲。旅途劳顿，伴有风险，但也有趣事。据王师回忆，途中有一段路是搭乘运货车队，同行者有一军人，人称傅营长；另有一位钱女士，被私下谑称为"金勾勾（戈戈）"。某日，金勾勾问傅："副营长，你贵姓？"引得傅和众人大笑。

经浙南、闽北、江西、湖南、广西辗转抵贵阳后，王师在大夏大学附中读高一。受时局刺激，在填写学习志向时，选择

“边疆屯垦”。因日寇侵黔，曾避走湄潭、遵义，辍学半年多。1945年独自赴重庆求学。抗战胜利后，王师搭木船顺江赴南京，泊船时上岸观光。行至白帝城江面，船陷入漩涡，船的女主人吓得不停地向江中洒米作揖，船夫在船老大皮鞭猛抽下拼命划船，挣扎十余分钟才脱险。据讲，幸亏是新船，若是旧船早就散架了，谁也活不成。

这段动荡年月的特殊经历，使王师对社会、人生、生活有了较多体验与感悟。对历史学家而言，对现实社会的了解和思索对解读历史大有裨益，两者之间存在着紧密关联。

不过，王师起初所学专业并非历史。1947年高中毕业后，王师先后就读于上海复旦大学、南京中央大学（今南京大学），攻读社会学，仅在课余随周予同教授学习历史。1951年大学毕业前夕，一个偶然因素，开始对太平天国史产生兴趣。同年8月分配到北京，在中宣部干训班学习。1953年5月，分到中宣部理论宣传处工作，曾任“联共党史”小组负责人。

1858年1月，王师下放河北定县劳动锻炼，帮助《定县日报》开展工作，亲历亩产“放卫星”、大炼钢铁等事。据王师回忆，这年秋冬，他们这些下放干部参加搞运动，有村民反映所在大队的支部书记有问题。当时农村搞“大跃进”，村民们昼夜“鏖战”。某晚，有人向书记汇报大家饿了，要食堂给些吃的。他正在喝酒，一边把一块肉送到嘴边，一边说：才多大一会儿，就饿了？于是下放干部整了他一阵。但下放干部一走，他也就没事了。其时大办公共食堂，要各户把粮食拿出来，大家吃食堂。农户大都私藏些粮食，下放干部就去搜。有一次，王师等三人来到一户农家，用铁棍敲地面，发觉某处声音不对，判定地下藏有粮食。户主顿时吓得面如土色。王师说，这件事他后来很后悔。

1959 年 2 月，王师调到中国科学院哲学社会科学部，任《新建设》杂志历史编辑组负责人，从此与史学研究有了更多更直接的联系。在学部经历“文化大革命”。1975 年 1 月，借调到文物出版社。1977 年 12 月，调入中国社会科学院近代史研究所。王师调侃说，自己从此由太平天国史战线上的一名“散兵游勇”变成了正规军。在近代史研究所，王师历任资料编辑室副主任、政治史研究室副主任、经济史研究室主任；1982 年至 1983 年，为研究所分党组成员；1985 年担任副所长；1988 年 9 月至 1994 年 1 月，担任所长。2006 年中国社会科学院组建学部，被推选为荣誉学部委员。

二

大学读书期间，王师在报刊发表过散文和文史类文章。其学位论文《苏联的妇女和家庭》于 1951 年由上海群众书店出版。在中宣部工作期间，撰刊不少有关哲学、政治经济学、苏联党史等方面的理论文章；翻译英文本《英雄的列宁格勒》，上海出版公司 1953 年出版。1957 年，撰文参与恢复社会学问题的讨论，主张建立马克思主义社会学学科。

王师对太平天国史感兴趣，源于大学毕业前夕在校园旁一个小书店读到罗尔纲先生《忠王李秀成自传原稿笺证》一书。他稍作浏览，对书中谈到的太平天国历史产生兴趣，便买下该书细读，并在书眉写下一些按语，以帮助自己记忆和理清头绪。

王师回忆说:“这本书从此一直伴随着我,1958年下放劳动锻炼,1970年去‘五七’干校,它都是我随身携带的少数几本书之一。自此,尽管我的工作岗位几经变化,但读关于太平天国的书,研究太平天国的历史,始终是我的主要业余兴趣所在,成为太平天国史战线上的一名‘散兵游勇’。”

从大环境讲,随着新中国成立,太平天国史研究受到空前重视。1955年,王师从一本旧杂志读到“太平天国起义100周年纪念编纂委员会”公布的一份将要出版的史料集目录,认为这可使研究者开阔眼界,便马上致函设在南京的该编纂委员会,询问何处出版和有售。罗尔纲先生回信说,这些史料早已编好,但中国史学会认为这些属反面资料,不宜出版,应先出太平天国自身文献。王师不以为然,向中宣部领导反映这一情况和个人意见,促使该问题得到解决——《太平天国史料丛编简辑》6册后来得以面世。

1956年,史学界围绕李秀成供词(时称“自述”)的真伪展开大讨论。有学者撰文指出,这份供词系曾国藩伪造,时下积极评价忠王,同时又肯定其供词是真迹,这是在宣传“曲线救国”。王师对此十分关注,经于光远介绍,登门向近代史研究所著名学者荣孟源请教;又经荣先生介绍,拜访了罗尔纲先生。“这是我首次面见心仪已久的老师”,王师后来回忆说。面谈时,罗先生运用书家八法理论,说明李秀成供词确系真迹。他强调:做研究,一定要寻根问底;说李秀成自述非亲笔,经过了法医鉴定——如果是人命官司,司法鉴定如此,岂不误大事!王师感慨说:“罗老师的诚恳、朴素,给我留下了深刻印象;他在这一研究中所给予我的研究历史必须认真彻底、寻根究底的教育，是使我得益无穷的。”

从1955年起，王师陆续在报刊发表数篇文章，分别论及韦昌辉的出身、太平天国后期朝政紊乱的原因等。王师后来说，这些文章的结论可能有理，但分析论证不充实，有的还很肤浅。1957年后，国家政治生活波澜起伏，本职工作尚难有所建树，业余研究更是时断时续。调到《新建设》后，通过李一氓等记述红军强渡大渡河情景的文章和梁启超、章太炎等对石达开形象的描述，王师对石达开这一历史人物产生兴趣，写出一本十万字的《石达开》。书稿排出清样后，恰逢国内兴起批判李秀成的政治运动，出版遂被搁置，直到1978年才由三联书店重新排印出版。

在近代史研究所，担任各种学术行政工作占去大量时间，但与过去相比，研究环境和条件已显著改善。王师坦言，随着工作岗位变动，业余兴趣成为专业兴趣，这是有利条件，但同时也遇到某种考验——二三十年来在各种本职工作中所获得的知识、经验和所写的作品，与近代史研究所无关了，其基础仅有过去的业余兴趣所积累的一点成绩。与长期的专业研究者相比，这点成绩和基础自然是薄弱的，但研究工作所需要的，毕竟包括了许多有普遍性的知识和经验，需要各种社会科学的知识，尤其需要有理论思维能力，这是至关重要的。王师分析说：“我在过去年代中在这些方面得到的训练，帮助我去弥补我的短处。这样的训练和经验，对于像我这样有短处的人，可以弥补短处；对于没有这样短处的人，可以如虎添翼，事半功倍；而如果缺乏这样的训练和经验，就会事倍而功半，甚至提不出什么有意义的问题和见解。”王师是社会学专业出身，在中央理论部门工作多年，理论思维能力强，又当过史学编辑，这对他形成自己的治学风格很有帮助。

进入改革开放新时期后，举国万象更新，王师也进入学术研究高峰期，几年内在《历史研究》发表七八篇重要论文。王师治学，重视创新性研究，重视文章的思想性，所写论文大多探讨新问题，或是对老问题提出新见解。他曾表示：“我的论文和书籍的学术评价，自有待同行研判。我自信所坚持的一条是，不炒剩饭，必须是对新的问题的研究，这是主要的。”《论洪秀全的早期思想及其发展》是王师研究太平天国史的一个名篇。该文结合洪秀全的著作和活动，对洪的思想轨迹条分缕析，认为洪的早期思想经历了从追求功名、以道德说教手段改造世道人心到立志反清的发展过程，1843 年皈依上帝是他思想异端的开始，但不是反清革命的标志，直至 1847 年重游广西后，才开始确立反清志向；强调“太平天国革命的根源在于社会上的阶级斗争，而不是产生于宗教教义”。该文还对太平天国是中国历史上第一次提出政治、经济、民族、男女四大平等的革命运动这一长期流行的观点提出质疑，指出：“如果相信洪秀全已经提出了这种平等思想，并且竟成了太平天国革命的理论基础，那我们就无法解释洪秀全和太平天国的历史，也不能解释太平天国迄今的一百多年的历史。”1979 年 5 月，王师以此文参加在南京召开的太平天国史国际学术讨论会，被罗尔纲先生喻作“向讨论会投掷了重磅炸弹”。该文以连载形式刊发于《历史研究》同年第八、第九期，引起学界广泛关注和重视。国内几种较重要的中国近代史著作吸收了其主要论点。1979年美国明清史学者访华团在《中国的明清史研究》一书中详细介绍该文；英国太平天国史专家柯文南（Charles Curwen）教授将全文英译，在1981年春季号《译丛》（Rendition）发表。1995年夏，我即将结束在哈佛大学为期一年的访学，著名学者孔飞力（Philip Kuhn）教授在为我饯行时谈到，他最早正是通过该文关注到王庆成教授的。

王师同期的多篇论文对正本清源、纠正“左”的偏向起了推进作用，从一个侧面反映了研究新气象。譬如，《太平天国研究的历史和方法》一文回顾近30年来的研究历史，指出：正确处理科学与政治的关系，对太平天国研究中的成绩和失误是十分重要的问题。问题的症结在于对于历史研究如何为政治服务有错误的理解，而不重视历史研究应有自己独立的对象、任务和要求。对阶级立场、观点的简单化，对歌颂、暴露公式的错误搬用，都是对太平天国研究发生错误的根源。再如，《关于“天父天兄天王太平天国”》一文考释洪秀全后期改国号的具体时间以及原因、意义，认为太平天国自杨、韦、石内部矛盾事件后，政治和宗教信仰受严重伤害，迫切需要更张，而洪秀全以“改号”作为“改政”，意欲加强自己的权威，实际上毫无成效可言。《太平天国上帝的“大家庭”和“小家庭”》一文指出，洪秀全以上帝为天地人万物的创造者，由此引申出人人是上帝子女和天下一家的理论；同时，太平天国又以洪秀全为上帝的儿子，洪的长子洪天贵福为上帝的孙子，由此又有以他们父子公孙为主的小家庭。大小家庭互相交织和矛盾，包含着洪秀全思想的积极方面和消极方面。

1982 年，王师完成《太平天国的历史和思想》一书的编写，1985 年由中华书局出版，计辑录 38 篇论文、47 万字，大部系新近撰写，大多涉及太平天国研究中留有空白或存疑的问题，有创见和思想性。太平天国以宗教起家，又以宗教立国，因此，研究太平天国不能撇开宗教。但宗教通常被视为人民的精神鸦片，这使得在一味正面歌颂太平天国的年代里，人们讳言宗教，宗教因而成为一个无形的研究禁区。王师对该课题作了若干开拓性研究，视角独特，通过研究宗教来认识太平天国的思想和历史，诸如太平天国宗教与西方基督教的关系和异同，对太平天国思想、政策和制度的影响。这构成该书一大特点。该书还对一些重要史事作了新考释、提出新见解，诸如金田起义的准备、实现和日期，太平军内部对建都问题的论争及其影响，太平天国早期的军制和“军”的数目等。重视发掘史事，尤其注重诠释，小处着手、大处着眼，这构成该书又一显著特点。

《太平天国的历史和思想》一书计发行 13000 册。罗尔纲先生在序言中称赞王师“是我认识的同志里第一个以业余研究而很有成就的太平天国史专家”，“是个心细思精的人”，“有细微的功夫，又在理论锻炼上有一定的修养，因而他研究问题既观察入微，同时又能从微知著。本书《圣神风、圣神电及其他》一篇，他抓着‘圣神风’、‘圣神电’这些别人忽视的细微的地方，然而也正是反映太平天国历史的重大地方，进行分析，进行有关的联系研究，丝丝入扣地指出了太平天国的重大历史，特别是后期的历史，便是其中最精密的一篇。”罗老在序言中还有“他细微的功夫，不下我国古代的经师”“使他超越了前人”等语。王师不敢承受，予以删除。1989年，罗老出版《困学丛书》（下册），收入该序，仍采用其原稿。

研究历史，离不开原始史料。在搜访、整理太平天国文献上，王师作出了特殊贡献。

太平天国败亡后，其书籍、文书被毁殆尽，所幸有些被与太平天国接触过的西方传教士、外交官等带到海外，得以保存下来。民国年间，程演生、萧一山、王重民等学者在欧洲搜访并带回大批太平天国文献，为研究提供了宝贵的第一手资料。1978年中国实行改革开放后，中西方学术交流日益加强，使这项中断许久的工作得以恢复。自1983年起，王师历在美、英、德、法、日、俄等国和中国香港、台北等地留意搜访，共计获见太平天国印书原刻本43种240册、文书百余件，多有前人所未知未见者，内以1984年在英国图书馆寻访到的《天父圣旨》《天兄圣旨》最为珍贵。杨秀清、萧朝贵各以天父、天兄下凡名义所传“圣旨”是太平天国的最高指示。据王师记述，当他找到这两种书打开封面见到第一页时，“不禁激动得双手剧烈震颤，翻不开第二页”。王师将这两种文献予以编注，辑成《天父天兄圣旨》一书，1986年由辽宁人民出版社出版，为破解长期聚讼未决的一些历史疑案提供了有力依据，成为研究太平天国早期史不可或缺的史料。王师在文书方面也有重大发现，如《天王御照》，以及干王洪仁玕、幼主洪天贵福被俘后的亲书自述等。王师因而成为1949年后在海外搜访太平天国文献用力最勤、贡献最大的一位学者。

王师在编纂文献史料上还做了其他工作。譬如，与同事合作编辑整理《太平天国文献史料集》，1982年由中国社会科学出版社出版，计33万字，辑录215件史料，包括新近在英国发现的一批太平天国文书。与罗尔纲先生共同主编《中国近代史资料丛刊续编·太平天国》，分太平天国文献、清方记载、外人记载三部分，2004年由广西师范大学出版社出版，计10册352万字，是20世纪60年代以来陆续刊布和未刊的新资料的集大成者。

王师对太平天国文献有独到研究，推出了多项重要研究成果。

1993年，40万言《太平天国的文献和历史——海外新文献刊布和文献史事研究》由社会科学文献出版社出版，著名学者、中国社会科学院院长胡绳题写书名。全书共附有文献图片108页。正文7章，第一章“绪论”，专论太平天国文献的形成、湮没、搜辑、汇编出版；随后数章分别对“印书”和“文书”作了介绍、校读，并结合新文献进行相关史事考释。太平天国有一套自成体系的典章制度，头绪繁杂、研究难度大，引人入胜。王师对太平天国印书制度及其演变作了深入研究，订正了一些误解或讹传。他指出，太平天国的同一种书籍有多种刊刻于不同年份的版本，内容粗看起来完全一样，但每以贴纸、挖补等方式在细微处作了修改，都与太平天国史事有关，隐含着重要信息。老师分析了运用目录、版本、校勘之学研究太平天国印书的独特性，认为“以版本、校勘而论，研究太平天国印书不是要发现‘善本’以校订真伪错讹，而是要发掘各种版本，比较、推究其异同，藉以发明史事”；同一种印书再刊时每有细微修改，这些修改隐含着政策、思想的变化，更是研究太平天国的重要史料，“异本越多，价值越大”。此说实为过人之见。该书还在学界首次详细考察了“旨准颁行诏书总目”制度，认为太平天国于1853年开始实行这一制度，规定只有列入“总目”、钤有“旨准”印的书才准传播阅读，否则问罪；该制度后来出现松懈和变例，1861年废弃。过去传回的太平天国文书有不少错简和编辑上的错误，该书通过校读作了校正，为研究者在利用上提供了便利。史事研究方面，该书论及洪秀全与美国传教士罗孝全（I.J.Roberts）的关系，太平天国的国际观念和对外关系，太平天国与上海小刀会起义者的关系，儒学在太平天国的命运，等等，把相关研究推向深入。总之，该书写得很厚实，新意扑面，颇显功力。

1998年，《稀见清世史料并考释》由武汉出版社出版。该书“造反者文书”部分对30件太平天国文书逐一加以考释。以《洪仁玕亲书供词》为例，20世纪50年代出版的《中国近代史资料丛刊·太平天国》业已转录，题名《洪仁玕自述》，但其中的错、讹、衍字多达50余处。王师一一予以订正，并考证出这篇供词写于南昌，时间为清同治三年（1864）九月二十九日。

2004年，《影印太平天国文献十二种》由中华书局出版，共编辑影印为前人影印集所无的八种印书、四种文书，具有很高的文物和史料价值。影印太平天国文献之所以必要，其原因有三：一是这些流落海外的文献既是史料，同时又是文物，影印具有保存文物和史料的双重意义；二是可以避免因辗转抄录造成排印时出现鲁鱼亥豕和衍、脱字之误；三是太平天国文献有着特定的形制和格式，反映了太平天国具体的制度和思想，倘若排印便无法展现其原貌，不利于研究。将这 12 种文献影印出版，也衔接了 20 世纪以来前辈学者大都将搜访所得予以影印的传统。英国图书馆中国收藏部主任吴芳思（Francis Wood）博士在该书“前言”中说，在英国图书馆，敦煌文书、《永乐大典》散存卷册为中西学者所重视，而太平天国文献则被低估；如果没有王庆成教授的学术经验，其中有些文献，特别是残缺的《天父圣旨》，或许永远不为人所知。该书在每种文献之首附有“题注”，逐一交代其收藏地点、形制和格式，并对其要旨、史料价值等作了若干说明或考订。鉴于所收文书都是手写，间有行、草字或勾画，多数“题注”还附录该文书的正体文字。第十种“军中档册”为护王陈坤书部属的手写名册、兵册，在被洋枪队头目戈登俘获后，页面有散失，次序有错乱。早年出版的排印本《太平天国资料》《太平天国文书汇编》均未能妥善解决这一问题。王师经反复磨勘校核，调整其页码，理清了头绪。

太平天国史研究至今已持续近一个世纪，是一门世界性学问，名家辈出，著述如林。20 世纪五六十年代，太平天国与美国内战、法国大革命同为欧美历史专业博士论文的热门选题。在国内，以太平天国为主体的农民战争史研究曾因成绩巨大而被誉为史学界的“五朵金花”之一，圈内学者甚至一度将太平天国史研究冠名为“太学”。但曾几何时，该研究日趋寥落，门可罗雀。王师对此并不感到意外。他认为，搞了这么多年，研究队伍出现萎缩是不可避免的，问题不在于研究队伍的大小；该研究园地虽是一方熟地，但继续耕耘的余地和潜力仍然很大；耕耘熟地而要获得丰收，意味着必须“精耕细作”。王师在耄耋之年发表多篇重要论文，说明研究远未穷尽。他对后学寄予厚望，指出：“太平天国虽经几代人的研究，取得了重大成绩，但继续深入的余地仍很大。从科学研究发展的一般规律来说，许多问题还可以重新研究。有志者只要在充分利用史料、扩展研究视野和加强理论思维三方面下功夫，丰富的新课题、新成果就在眼前。”

王师特别强调提高理论思维能力。他分析说：“研究历史当然要依靠史料，但无论史料多么丰富，也不可能记载过去所发生的一切，更不用说有些重要问题的史料很贫乏了。以局部性的史料研究历史，需要充分发挥思考和分析的作用，给予历史以尽可能正确的解释。反过来说，也正因为记载过去的史料是不完整的，历史学家才有充分发挥自己的才能、驰骋于历史领域的宽阔余地。”王师强调，提出问题、回答问题可以说是一项研究、一篇论文的本质。在他看来，思考和分析应该贯穿于整个研究的过程。阅读史料，同时进行思考、形成问题；进一步积累史料，或许原问题的范围扩大了，或许原问题得到了解决，出现了新问题。这样，经过一定时间的阅读、研究，可能既发现了问题，同时又有了解决问题的答案；也可能业已发现问题，但解决问题的根据还不足，那就进一步去寻找根据。这样的过程，其成效的大小取决于研究者的思考分析功夫。所以，提出问题是研究过程的必要条件，也是研究过程必不可少的一个阶段，这不是积累史料所能自行实现的，需要充分发挥理论思维的作用。把积累史料和思考分析结合起来，只要用心，是受过研究训练的人都可以做到的。王师还指出："研究者的基础、功力不同，马克思主义的水平不同，在研究工作中即使提出了问题，解释是否充分圆满，可能不尽相同。但无论如何，在研究中尽可能地发挥思考分析的能力，就一定会较多地提出问题，在不同程度上解决问题，这就活跃、丰富了这一领域的研究。"

王师精于太平天国史研究，同时还涉足其他研究领域，也多有建树。

前引《稀见清世史料并考释》计 46 万字，所收史料稀见，所作考释精湛。全书共收辑在海外搜访所得的清代史料 190 余篇（件），上至顺康，下迄同光，多为此前国内学者所未知未见的孤本秘籍，分经济、宗教、行政、中外关系、军事、造反者文书、社会七类编排。正文之前均附有考释文字，除从文献学角度对史料加以整理外，还揭示相关史实的背景、阐释史料所蕴含的意旨。内有数篇文字实际上是完整的专题研究论文，对上海开埠之初华商对外贸易情况的考察便是一例。

此外，王师相继在《燕京学报》发表《不列颠图书馆藏〈谕示抄存〉的年代和价值》《清代学政官制之变化》《清初巡按御史》《〈东华录〉点校本中的点校问题》等论文，都是新选题。其中，《清初巡按御史》刊《燕京学报》新 11 期，约 4 万字。

2003 年，75 岁的王师正式退休。此前一年，他已有所准备，以十余年前在日本访学获见的直隶青县、深州两种"村图"为基本资料，结合地方志，转而研究晚清华北农村。相继在《历史研究》《近代史研究》发表系列论文，如《晚清华北村落》《晚清华北村镇人口》《晚清华北的集市和集市圈》等，多有创见，获得好评。生命不息，治学不止，生命因而更加绚丽多彩。

三

除个人研究外，王师在学科建设、学术组织上也多有建树。

1978 年，王师参与筹建北京太平天国历史研究会。1981 年担任会长，组织学术讨论、交流，亲自主持编印《太平天国研究通讯》40 多期，主编《太平天国学刊》5 辑、《太平天国史译丛》3 辑，均由中华书局出版，对研究起了推动作用。其中，《学刊》是国内权威性刊物，成为反映该领域研究动态的一个重要窗口。1987 年，这两种刊物因经费问题被迫停刊，王师为此颇为无奈和怅然。

王师在中国近代史学科体系的建设上也有特殊贡献。1986 年，经国务院批准，设立国家社会科学基金，成立全国哲学社会科学规划小组。王师兼任中国近代史学科小组组长，牵头制定该学科“七五”规划。鉴于过去在设计中国近代史课题时大都以政治史为主线（如太平天国、戊戌变法、义和团、辛亥革命），王师提出新思路，认为应重视研究近代的农村、城市、边疆、文化、华侨、近代化等。这一倡议得到包括近代史研究所李宗一副所长在内的众人的一致赞成。“七五”规划遂根据这一思路而设计，从而极大改变了中国近代史研究的传统格局，为中国近代史学科开辟了新天地。近代社会史研究、近代化研究等从此蔚然成风，列入规划的上海、天津、武汉、重庆四城市及冀鲁豫乡村等研究，后来都有很好的成果问世。

1977 年末调到近代史研究所后，王师先在多个研究室担任学术行政工作，接着担任副所长三年、所长五年多。任所长之初，用近一个月时间与所内人员交谈，了解对本所长处与弱点的看法，然后形成中近期工作设想。王师同我谈到，近代史研究所过去以搞集体项目、写通史类书籍为主，如写中国近代史、中外关系史、帝国主义侵华史等，而在写书之前和写书过程中研究不足，对书稿的讨论、争论，大都是一些提法、用语问题，用所里老同志钱宏的话说，所讨论的大都是些“树在庙前”还是“庙在树后”的问题。因此，王师大力提倡专题研究，虽未触动原来的写书项目，但提倡要在专题研究的基础上写书，产生一些正面影响。王师担任所领导多年，从未以主编之名举全所之力做课题、写书。

王师当过主编，个别属职务行为（主编会议论文集）。较有影响的是主编《中国近代史研究译丛》——那是王师于 1986 年与中国社会科学出版社商定，旨在了解借鉴国外研究成果。基于对西方学界的了解，他亲自选定书籍，并为多种中译本撰写“前言”，讲述该书在研究领域、研究方法等方面的参考借鉴意义。丛书相继推出魏斐德（Jr.F.E.Wakeman）《大门口的陌生人》、孔飞力《中华帝国晚期的叛乱及其敌人》、费维恺（A.Feuerwerker）《中国早期工业化》等书，使国内更多的人借此了解到这些海外一流学者的研究成果。通过学术交流，王师与魏斐德、孔飞力等美国学者，以及英国柯文南教授、日本小岛晋治教授，结下很深友谊。

此外，王师还曾担任中国史学会秘书长、副会长，近代史研究所学术委员会主任等职。兹不赘述。

王师淡泊名利，襟怀坦荡，儒雅谦和。1983 年，王师获鲁斯（Luce）基金会资助赴美国密西根州立大学访学，每月领 1050 美元。某次，发现校方给的支票金额是 10500 美元，便当即退回，请他们另开一张数字正确的支票。对方笑着问：给你钱，为什么不要？当时，其他中国访问学者通常两三人合住一室，王师考虑要顾些体面，一人租了校园里一套房子，所以使领馆每次来人，都在他的住处开会。回国前，校方举行招待会，对王师大加赞誉，称他是“留下了极好印象的中国民间大使”。

还可以举一例。国家清史纂修工程启动后，王师受邀在国家清史编纂委员会任职，有限参与，不会太劳神，每月可领薪酬。王师担心名实不符，对不起所领的钱，故婉言谢绝。

无论治学还是管理，王师都很用心，但前者可以自我掌控，后者则要面对许多复杂因素。王师做人无城府，做事讲规矩，所以有时不免碰壁。当时，研究所的行政办事人员每年动用人员、车辆去外地采购水果，卖给所里人员。某次偶然谈及此事，办公室人员说：不这样，大家就吃不到水果了。王师说：北京市面上水果还不多吗？对方愕然。20 世纪 90 年代初，为增加所内人员收入，在王师倡议下，集资购买 15 辆“夏利”轿车，准备开出租车公司创收。起初得到一致响应，不意随后的运作突然卡壳，新车趴在院子里任凭风吹雨打日晒。在出租车行业看好的情形下，被迫将车辆折价转让。改革失败，弄得王师有些狼狈。他后来说：其实此类事尽可由行政副所长管，我去过问，实在是自找苦吃。

当年在近代史研究所入党时，所党委委员、黄克诚大将的夫人唐棣华对王师有很高评价，引列宁的话，说他是“真正的人”。某友人赠给王师一幅字：“无瑕人格清于玉　　不俗文章淡似仙”，诚哉斯言。

四

王师 1986 年起担任博士生导师，前后招收 7 名学生。我是大弟子，与王师接触的机会更多一些，感受更深一点。

关于如何指导学生，王师曾借用严中平先生的话，诙谐地说：研究生可不好带，学位论文怎么指导啊？自己研究过的问题，不用学生再去做；自己没有研究过的问题，怎能指导学生？关于我的博士论文选题，王师提出两个题目让我选：太平天国宗教，19 世纪中叶的江南农村。我选了前者。在太平天国史研究遭遇瓶颈的情况下，该课题是个很好的突破口。王师的智慧使我得以“突围”，确定了我此后十余年的研究方向。1992 年博士论文《太平天国宗教》出版，王师写序。2006 年《天国的陨落——太平天国宗教再研究》出版，王师再次写序，说了一些谬奖的话，其中写道：“从宗教方面研究太平天国，在过去相当长的时期中是困难的……我在七八十年代写过若干篇论文，讨论和研究太平天国的宗教，编入《太平天国的历史和思想》一书，但并没有对太平天国宗教做总体全面的研究。春涛的这部著作完成了弥补这一缺陷和遗憾的任务。”十年后，该书增订本被列入中国人民大学出版社的“当代中国人文大系”出版。饮水思源，没有王师指导，我不可能涉猎该研究，其中的因果、传承关系十分清晰。

读书期间，王师很忙，接触机会并不多。毕业后，我听从王师意见留所，与王师成了同事，后来又在同一个办公室，耳提面命机会增多。我奉命接受的第一项任务是参与编纂《中国近代史资料丛刊续编·太平天国》。国务院古籍整理规划出版领导小组委托王师主持该项目，王师邀请罗尔纲先生共同担任主编。后来，罗老及参与此事的几位先生相继辞世，而书的出版尚遥遥无期，主要遇到两大问题：一是为了避免亏损，原先谈好的出版社反悔；二是西文资料（《英国议会文书》节选和《西方关于太平天国的报道》一书）约80万字，由多人翻译，尚未译完，且迟迟无人接手。王师让我接着译完，并校订所有译稿。这项工作比较棘手，近乎收拾残局。剩余没译的，多为翻译难度大的文献。翻译历史文献除了具有相应的外语水平，还须熟悉相关史事、人物、典章制度（尤其是官制）、文献、历史地理等，而原有译稿在这些方面存在不少错讹。譬如，多处将清方奏折、太平天国文献回译，而不是查核、引用原始文献。再就是无人统稿，同一个外国人名或职衔、军舰等名称，译稿前后译名不一。补译、校订、统稿持续数年。在王师主持、赵云田研究员襄助下，收尾工作向前推进。出版也有了着落，师弟宾长初在广西师范大学出版社工作，慨然担任这套书的责任编辑。于是，立项20余年、几经波折，书稿最终得以面世，王师如释重负。在丛书“前言”中，王师写道：“夏春涛对西文记载的译稿作了十分繁重的编辑审订工作。在广西师范大学出版社决定出版此书以后，赵云田和夏春涛同我一起对书稿作了最后的编辑和校核。交付书稿后，夏春涛协同出版社处理了很多校订工作和联络事务。”王师还对我解释说，因为你最年轻，所以把你的名字排在“编辑组成员”最后一个，委屈你了。

王师对我很用心。1992年我发表在《历史研究》的论文系王师推荐，责任编辑是章鸣九老师。王师曾建议我转移研究方向，向我介绍《青县村图》。后来我到美国访学一年，即从事《晚清时期的华北农村》课题研究，合作导师为孔飞力教授。这次访学是王师促成的，为哈佛—燕京学社访问学者项目。王师为此给孔飞力教授写信，后者力挺，我遂于1994年成行，在哈佛访学一年。但后来工作调动，被迫缩短战线，华北农村研究只好搁置。

此外，经王师推荐，戴逸先生找我面谈，确定由我主持国家清史纂修工程《通纪·第六卷》的写作，2004年立项。那时我已工作调动，无法全力以赴，但丝毫不敢懈怠，所以搞得很累。关于我提交的写作提纲，评价不一。有种意见认为，提纲以太平天国为主体，清史线索不够突出。这引发关于清史纂修主体性的讨论。我起初有点不以为然，直至王师指出提纲须作适当调整，要向清史靠拢，我当即听进去了。某次闲聊，我谈到有关方面一再强调清史是国家工程，须代表国家水平、成为传世之作，感到压力很大。王师笑吟吟地问：那你说怎样才算是国家水平？淡淡一句话，使我走出困窘。40万字，我前后写了八年。某日，我们师兄弟给刚从美国回来的老师、师母接风。王师见面就说：昨天，我们几个老头聚会，戴逸老师和我谈起你写的那一卷，表扬了你，说你写得不错。王师略作停顿，又说：以戴老师的资历，他很少夸人，我听了以后很高兴。后来我从郑起东研究员转赠的《清史编纂通讯》2013年第1期看到，戴逸先生在2012年年终总结会上说，《通纪》项目有3卷可以评定为“优秀”，包括我写的第六卷。后又辗转得知，戴先生还给《通纪》9卷逐一打分，我这一卷为86分。

师生关系有雅俗之分。在我看来，所谓“雅”，指既不失礼，又不俗套，能交心。我留所后，住在所内食堂旁一间八平方米的小屋。1994年1月12日下午，王师一阵风进屋，平静地说：刚开完会，院里来人，宣布免去我的所长职务。又说，1989年国内政治风波后，我从国外回来，给院里递了辞职报告。院里表示慰留，说你又没有犯错，把你免职，这在社科院没有先例。于是只好又干了几年。现在来看，我当初下的决心不够大。言罢，神情有点落寞。我一时语塞，师生相视无语，周围难得一片寂静。我能理解老师，他原本无意仕途，自然会为岁月蹉跎而怅然若失——多点自由，多点时间做学问、做自己想做的事，远离那些是非和利益之争，何乐而不为？

王师厌倦人事纠葛，绝少臧否人物；偶有论及，也是点到为止。对于官场贪腐之风、趋炎附势之辈，颇为鄙夷不屑，偶或点评一二。我从中感受到当下稀缺的那种血性和风骨。

卸职后，王师多了份从容淡定。每到岁末年初，我们师兄弟雷打不动地与老师、师母聚会，其乐融融。更多的是平素无拘束地交谈，王师的智慧常使我如坐春风。师生亲如一家。王师子女均在美定居，所以他与师母定期赴美团聚。作为大弟子，我必然多承担一些事。老两口一旦出国，照例会把住宅钥匙、房产证、工资卡、存折以及写明注意事项、存折密码、在美联系方式的纸条一并交我。我还每月到协和医院卫干门诊部替王师取药，挂内科、神经科、外科三个号；攒几个月后再去国际邮局寄药，每次都因药价超过限额而饶舌半天。北京刮大风，王师会用Email嘱咐我去看一下，窗户是否有损坏。有一次，王师寓所门锁被撬，室内一片狼藉。我得知后赶紧报警，并电话告诉王师。王师受到惊吓。好在家中并无金银细软，虽有一些珍贵图书，但小偷不识货，不感兴趣。穆益斌师弟随即为王师装了防盗门。

王师退休后，在美居住时间增多。每次他与师母回国，我们师兄弟照例机场接送，聚会畅叙。2010年秋的那次，年逾八旬的王师苦笑地说：这恐怕是最后一次回国，以后就终老异国他乡了。他和师母走亲访友，并特意回浙江老家盘桓数日，算是告别。师生自此远隔重洋，相见不易。某年夏，师兄弟数人相约一同赴美看望，王师大喜。可惜手续繁杂，最终未能成行。

我曾几次想给王师编文集。2006年春，为着手庆贺王师80华诞，我们几人商定编本文集。我为此拟好约稿名单、约稿函，并做了一些联系工作。王师知道后劝止，说国内资历比他深或资历相当的人大多没有这么做，搞得动静太大，不妥。我未能说服王师，只好作罢。后来又想给王师出论文集，我草拟了目录，穆益斌联系好了中华书局，但王师迟迟没有明确表态，遂不了了之。

2018年8月，王师在美病逝，享年91岁。我以近代史研究所党委书记身份审定“王庆成同志生平”，百感交集，无限怅惘。短短5年，我的两位恩师相继驾鹤西归，从此不再嘘寒问暖、为我遮风挡雨。老师，您在天上好吗？

经与北京师范大学出版社谈定，整理出版多卷本王师文集。我代签了出版合同，参与一些具体事务。目前编辑工作正在有序推进。我想，老爷子知道了，一定会很开心。

（2019年11月）

此情可待成追忆

——忆李文海老师

2013 年 6 月 18 日晚，接夏明方教授电话，说李文海老师 11 天前“走了”，遗体已于 5 天前火化；23 日将举行一个追思会，问我能否参加。我这才知道李老师驾鹤西归的消息，顿时愣住了。那段时间，我忙得团团转，包括赶写一部书稿，所以白天大多关闭手机，也很少看报、上网。为没能参加李老师的遗体告别仪式，我自责不已，同时感到无限怅惘：这么好的一位学者、长者，怎么说走就走呢？

最早对李老师产生敬重之心，源于读到李老师《太平天国统治区社会风习素描》一文。上世纪 80 年代中期，太平天国研究在焕发生机的同时也遇到瓶颈，言之有物、有新意的文章不多。《素描》通过爬梳史料、考订史实，从宗教活动、服饰装束、婚丧礼仪、过年度岁、天国诸禁五个方面，鸟瞰式考察了太平天国统治区社会风习的嬗变，吹来一股清新之风。作为《太平天国学刊》第三辑的首篇文章，该文引起广泛关注。业师王庆成研究员在该辑“后记”特别推荐，认为这篇论文“富有学术价值”。随后，李老师与学生合作，在该文基础上写出《太平天国社会风情》一书。这一文一书，是新时期太平天国社会史研究的拓荒之作，具有重要的启发和示范意义。《义和团运动时期社会心理分析》则是李老师同期发表的另一篇有新意、有影响的文章。

第一次见到李老师，是在 1991 年 5 月底我的博士学位论文答辩会上。一同参加答辩的还有李侃、龚书铎等老师。李老师当时任中国人民大学党委书记兼副校长，事务繁忙。王庆成老师说："哎呀，把你请来可真不容易。"李老师莞尔一笑。我的学位论文以太平天国宗教为题。李老师发言时，从选题、重视考证、立论等方面，对论文予以赞许。他说，最近同时看了多篇学位论文，有的论文造新词、炒作概念，写得比较空，而这篇论文在爬梳史料上下了功夫，写得比较扎实，观点与他的《太平天国社会风情》一书比较接近。其实，我在论文写作时，从李老师著述中获益甚多。谦和儒雅，颇有学者和长者风度，这是李老师当时给我留下的最直接印象。

2003 年初，我从中国社会科学院近代史研究所调到院理论部门，原先的专业研究成了副业，与史学界的联系骤减。但机缘巧合，我与李老师的接触与联系反而增多了。

2005 年 6 月下旬，经两年熬夜写作和再三修订，我写出《天国的陨落——太平天国宗教再研究》书稿，寄给《国家清史编纂委员会·研究丛刊》编委会。作为国家清史纂修工程的主要倡导者和推动者之一，李文海老师担任《研究丛刊》的编委会主任。审稿程序很严格，历时两个多月。我按要求寄去 13 年前出版的《太平天国宗教》一书。后来得知这是李老师提出的，并由他亲自核校，看书稿是否称得上是新书。8 月 29 日下午，意外接到李老师电话。李老师说，已看完我的书稿，写得很好，他本人赞同收入《研究丛刊》出版。按照程序，书稿要送两位同行匿名评审，然后再召开编委会讨论，可能还要等半个月左右才有结果。为了不让我过分牵挂，所以打电话先告我一下。又说，前几天故宫博物院开清史会议，代表名单上有我，他找了我半天，才知道我没有来。李老师还补充说，他特别赞同我就太平天国宗教是否是“邪教”专列一章论述，这很有必要；这个问题不讲清楚，很多问题就讲不清楚了。听了这一番话，我感到暖乎乎的，原先多少有点忐忑的心也放下了。此前，我与李老师没有任何私人接触。他主动来电话，完全是看中了书稿。

在翘首等待中，我继续修订书稿。9月16日下午，接李文海老师电话，说上午开会讨论我的书稿，顺利通过。有人提了修改意见，认为书名《天国的陨落》容易让人误解，似乎宗教仅是负面的，建议改为《天国的上升与陨落》，也有人建议改为《上帝的天国与天国的上帝》，再就是书稿的个别措辞。李老师表示仅供我参考，是否改动由我自己定夺，让我再花十天时间统稿，然后交出版社，他都已经打过招呼了。李老师最后说，大家都认为书稿写得不错，他本人认为这是他看过的写得最好的一部书稿。我既高兴又汗颜，统稿格外上心。后来得知，李老师很重视该书的出版，示意要尽快出；原定在人民出版社出，李老师考虑到出版周期较长，决定改由中国人民大学出版社出，并多次询问出版进度。

2006年1月，《天国的陨落》一书出版，计43万字。6月中旬，第16届全国书市举办前夕，国家清史编纂委员会副主任马大正在接受媒体采访时介绍说，清史编委会出版组迄今已出版各类图书42种370多册，约2亿字左右；今年已组织出版了一些很有价值的历史文献资料和具有前沿性的研究专著。他列举了一部资料集、一本专著，前者为章开沅教授主编的8册《辛亥革命史资料新编》，后者即拙著。马老师说：“中国社会科学院夏春涛研究员的新著《天国的陨落——太平天国宗教再研究》，不因袭陈说，不盲从权威，对有关历史作了深入探讨，还有针对性地对近年来出现的太平天国‘邪教’说进行了辨正。”这可能与李文海老师的力荐有关。

同年6月28日，《中华读书报》刊发李文海老师书评《为什么不能把太平天国的上帝教看作“邪教”——夏春涛〈天国的陨落〉评介》。文章指出，“这是一部迄今为止对太平天国宗教——上帝教的各个方面考察、分析最为详尽深入的学术论著”，“这本书实际上超过了它的书名所示的范围，在一定程度上是涉及太平天国全部主要历史的著作”。文章认为，“《天国的陨落》对太平天国宗教的辩证分析，特别是对上帝教是否‘邪教’的有力辨正，具有重要的理论意义和方法论意义。因为弄清这个问题，不仅关系到对太平天国运动如何评价，更关系到如何看待封建时代农民群众的反封建斗争问题”。李文海老师时任中国史学会会长，自1994年起担任中国人民大学校长六年，请他写书评实在是可遇不可求，至少我是不敢想。而这篇三千余字书评是李老师自己主动写的，且赞赏有加。我事先毫不知情，友人读到报纸打来电话后才知晓，颇有受宠若惊的感觉。

7月下旬，国家清史编委会召开以太平天国历史为中心的清史纂修专题学术研讨会。会议地点在西直门国二招宾馆。我报到时，恰好在门口遇见李文海、龚书铎老师。李老师笑着说：“我替你的新书写了篇书评，发在《中华读书报》，你看到了吗？”我连忙致谢。会议来了50多位权威学者，多为我的老师辈。忝为《通纪·第六卷》主持人，我遵嘱在会前提交了该卷写作提纲。编委会将提纲连同《天国的陨落》一书分发与会学者，并由我先作主题发言，然后分组讨论。被列为靶子的感觉不好受，对提纲有不同意见是必然的，尽管持肯定意见的学者居多。晚餐时听友人说，李文海老师认为我提纲写得好，说大家都要向我学习，学术创新就应该这样创新云云；也有人提出质疑，甚至逐一指出提纲的不足。当晚，我特意向几位老师请教。李文海老师肯定了我的提纲，认为对别人所提意见可在判断后决定是否吸收，将提纲细细打磨即可。苏双碧老师也认为我的提纲平实，可以成立。他说，研究者研究什么就突出什么，提纲不可能吸纳所有的意见。路遥教授说我治学“有乃师风格”。这给了我信心，也鞭策我更加认真对待。

《通纪·第六卷》的写作是个漫长艰辛的过程。由于学术、行政双肩挑，且同时从事两个领域研究，而清史写作有合同约束，每到年末须按规定提交成果，丝毫懈怠不得，所以总感到时间不够用，搞得身心俱疲，狼狈不堪。2008年春，写到咸丰初年灾变一节时，我四处购、借李文海老师牵头编写的《近代中国灾荒纪年》《近代中国灾荒纪年续编》不得，便冒昧地向他求助。李老师在电话中很爽快地说，这两本书他手头正好还各有一本，可以送给我。又说，路远，你来取不方便，还是我寄给你吧。我很快便收到扉页有李老师签字的赠书，无限感怀。

书稿写出后，进入严格的审稿阶段，要经过三审。我迟迟得不到反馈信息，又不便打听，只好静静等待。后来得知，围绕我这一卷书稿的审改，引发一场不小的风波。李文海老师负责二审，他在致友人函中说，“《通纪·第六卷》是夏春涛所写，这是一部很优秀的稿子，是我看到的清史各项目中最好的书稿之一”，“我认真通读了‘审改稿’和‘原稿’，惊奇地发现改错了百余处之多，把一部很好的稿子改得错误百出”。李老师在某次会议上严肃指出这一问题，通纪组人员随即作了调整。此事发生在 2012 年初春。这些细节，李老师从未对我透露半字。他对事不对人，完全出于一种责任心。

与李文海老师的接触还有一层因素：中宣部在全国设有七个研究基地，我具体主持中国社会科学院研究基地（中心）的工作，李老师兼任教育部研究基地主任，并且是中央马克思主义理论研究和建设工程首席专家。于是，在中宣部召开的一些会议上，我多次见到李老师。有次是在八大处，时间为 2010 年 9 月上旬，为纪念辛亥革命一百周年，讨论修改电视文献片《辛亥革命》脚本。午餐时，李老师询问我《通纪·第六卷》的写作情况，言语中明显流露出对我的欣赏。北京大学历史系王晓秋教授在一旁听了，问我是否有意到北大工作。李老师抢过话头说：“嗨，他忙得很，肯定去不了。社科院估计也不会放。”

自工作调动后，不少师友为我感到惋惜。在那次国二招会议上，茅海建、杨国强两位兄长均劝我早日回研究岗位。海建直率善意地对我说：你现在干的活别人也可以干，甚至干得更好，但培养一个真正的学者是不容易的……其实，苦点累点倒没什么，令人苦恼和纠结的，是有时不得不面对一些复杂的人事关系，应对一些形式主义的琐碎事务，做人不圆滑势必会碰壁，远不像单纯做研究那样超脱和清静。学术单位、学术圈子，比一般人多读了些书，本应温文尔雅，温良恭俭让，但遇到名利之事，总有人不顾斯文、不守底线，冷不丁青面獠牙，显现出兽性；但又缺乏血性，缺少阳刚之气，不敢讲真话、实话，至少在公开场合如此，唯唯诺诺，噤若寒蝉。搞权术本身没有难度或技术含量，做到“厚”“黑”就行。事理都明白，但有些事自己不屑为、不愿为，加上时间本不够用，没有心思去琢磨别的，结果也就可想而知。李文海老师曾对我说，你现在从政有利有弊。又一次见面时，谈到别人劝我回研究岗位，李老师提醒说：你可以向院领导表达这层意思，但要注意方式，以免搞僵了。这都是早些年的话。

在治学和成长过程中，除恩师王庆成研究员、祁龙威教授外，给我帮助和提携最大的，要数李文海老师。我内心也把李老师视为自己的恩师。不过，作为晚辈后学，我自忖很失礼。这么多年来，我专程拜访李老师仅有一次，是在2005年10月。那天，李老师将新出的自选集（列入《“学习”理论文库》）签字赠我，并在交谈时表示，不赞同搞历史的人整天钻自己的领域、对现实漠不关心，要当一个入世的历史学者。这句话我深以为然。2012年中秋节前夕，我给李老师寄去一盒月饼。这年头，没人稀罕月饼，寄赠者主要借此表达祝福之意。李老师用手机发来短信说：“春涛：月饼已收到，谢谢！祝国庆、中秋愉快！文海。”我回复说：“略表寸心，虽不能经常侍奉左右，内心始终执弟子礼。”次年中秋，皓月当空，想起李老师，不禁黯然神伤：李老师，您在天上好吗？

李文海老师治学，高屋建瓴，视野开阔，既重视考据，又注重思想性；既重视老题新做，又关注前沿性课题，开拓中国近代灾荒史研究便是一例；既强调史学研究的科学性，又重视挖掘史学研究的现实意义，明确提出“历史学，请走出史学界”，提倡学以致用，倡言鉴古知今、继往开来。他本人既是著名的历史学家，又是卓有成就的教育家。放眼当代学界，能达到如此高度、具有如此格局且人格高尚者寥寥。

2000年68岁时，李文海老师卸去校长一职。无官并未一身轻，李老师依然很忙碌，甚至更加忙碌。在2012年出版的《从民族沉沦到民族振兴》一书“自序”中，李老师写道：

> 进入古稀之年后，朋友见面问得较多的一句话是：“你近来忙点啥呢？”我的回答多半是两个字：“打杂。”这个“打杂”的含义，大致同最近流行的一个网络热词“打酱油”差不多，就是说自己没有什么重任在肩，主要是给别人帮帮忙，做点琐事，类似于打打油盐酱醋之类。有些事情让我去凑凑热闹，敲敲边鼓，只要是对社会有益的，我便欣然从命，起一点摇旗呐喊、站脚助威的作用。有的事情让我去出出主意，发发议论，只要邀请者出于诚意，我也奉命唯谨，去讲几句可供参考或者未必很合时宜的话。就这样，倒也忙忙叨叨，居然“不知老之已至”。这样的“杂事”并不少，但大多是上不了账的，过了一段时间，回过头来想想，自己也说不清究竟干了些什么。勉强能够记上账的，大概就是收在这书里的几篇或长或短的文字了。还有几篇杂文，则另外编了一本小册子。

全书共收40篇文章，远不止“几篇”。这一年适逢李老师80寿辰，“自序”就此写道：“我向来不大关心过生日、过年之类的事情。所谓‘天增岁月人增寿’，其实不过是哄人高兴的一句善意的废话。老天爷增不增岁月，对我们普通人实在关系不大；而自己虚度一年光阴，‘增寿’一岁，实在说不上有多少值得祝贺的理由。对于上了点年纪的人来说，每增加一岁也就意味着向老年迈进一步。我不大喜欢过生日的原因就在这里。不过这一回的巧合，我倒是挺高兴的，因为通过编这本文集，乘机对80岁以前这几年的学术生涯做一次盘点，也是一个难得的机会。”文字不失诙谐，透着一种从容淡定和自信。

李老师所说的“还有几篇杂文，则另外编了一本小册子”，指同年出版的《清代官德丛谈》。文如其人，李老师的杂文不装腔作势，鲜活、平实、率真，有思想深度，如《“莫用三爷，废职亡家”》一文。这本文集共辑录33篇文章，包括以《清代政治文明杂谈》为题的一组9篇文章，分别为《为政以爱民为本》《治天下以惩贪奖廉为要》《俭以成廉，侈以成贪》《大臣不廉，小臣必污》《为政以通下情为急》《切戒“悦谀成风”》《疲是居官大病》《信者，居官、立事之本》《不专一己之见》，警世意义十分鲜明。该书“自序”有云：“今天的人们可以从古人那里得到许多历史的智慧，从过去发生的事情中得到生动的历史借鉴，这正是史学的魅力所在。……毛泽东同志说：‘读历史是智慧的事。’如果通过这本小册子，能够从历史中汲取一些治国理政的政治智慧，那就是‘聊以消闲’之余的意外收获了。”在2012年春写成的“自述”中，李老师就如何认识历史作了如下概括：不要拒绝历史，因为历史给我们以智慧；不要忘记历史，因为忘记历史意味着对事业的背叛；不要漠视历史，否则将受到历史的惩罚；不要割断历史，因为否定昨天也就将失去明天。在病逝前几个月，李老师连续刊发多篇杂文，发人深省，如《套话为何久拒不绝》《说“亲民”》《要容得下尖锐批评》《〈聊斋志异〉描绘的官场百态》。他原本可以写更多的好文章，可惜天不假年。

李文海老师是部级干部，但没有一点官气。他自认为以他的个人气质，不大适合仕途发展，比较适应学术工作。卸去官职后，他的办公室被安排在校务办公楼10层阴面，与一些职能部门为邻，屋子不规则，面积不大，陈设很普通。我感到诧异，有点不平。但李老师从未谈起这类话题，始终保持乐观平和的心态。李老师能力强、学问好、人品好，有担当意识和使命意识，襟怀坦荡，乐于助人。是官但没有官气，是大学者但没有架子。这样的师长，怎不令人肃然起敬？怎不令人怀念？

在为《历史名人话人生》所写的序言中，李文海老师说：“人生最大的无奈是岁月永远在不息的流逝，使短促的生命很快走完全程。把握人生最关键的是让生命旅程的每一步都走得坚定，走得充实。”李老师的生命旅程堪称坚定和充实。人的肉体有生有灭，而好的精神和作品是可以传世的。从这个角度说，李老师是不朽的。

（2014年3月初稿，2019年12月定稿）

《罗尔纲全集》：20世纪史学的一座高峰和一面镜子[①]

罗尔纲先生是享誉海内外的当代大学问家，1997年逝世后，不少人都期盼能早日将他的文稿汇编出版。罗老之女罗文起担起这一任务，前后历时七年。我与罗文起老师有联系，对整理文稿的艰辛和落实出版资金的周折有所了解。如今《罗尔纲全集》（以下简称《全集》）终告出版，令人倍感欣慰，同时也感慨不已。

罗老生于1901年，与20世纪同龄，经历清末、民国、新中国三个时期，目睹了国家的沧桑巨变；前后治学71载，早年师从胡适先生，以考据治学，后又接受唯物史观，学术之演进带有鲜明的时代印记。因文稿写作时间跨度大、不易搜集，“全集”大多难“全”，遗漏在所难免。这部《全集》，将能够见到的罗老存世著述基本上都收齐了。全书计22卷22册，近1100万字，分太平天国史、兵志、金石、文史杂考、文学、生涯回忆、师友回忆、书信、杂著九大类编排，以罗老生平年表、论著目录作为附编，集中展现了罗老的治学特点和学术成就。

① 原载《中华读书报》2012年3月28日。收入本书时，补充了刊发时被删略的一些文字。又，《罗尔纲全集》，共22卷22册，社会科学文献出版社2010年8月出版。

太平天国研究：折射 20 世纪中国史学的发展轨迹

作为一代名家，罗老涉猎广、建树多，尤以太平天国研究的成就最为突出。这部分著述，占《全集》的 13 卷。

辛亥革命后，洪秀全被正式尊为民族革命运动先驱，太平天国成为民间热议的话题，相关研究随之揭开序幕。但最初的研究受到很大局限，主要是太平天国文献已被清政府禁毁殆尽，包括笔记资料在内的清方记载有待搜集整理，相关史实众说纷纭，讹误甚多。一些学者筚路蓝缕，在史料发掘、史事考订上用力甚勤，成为该研究领域引人注目的第一代学者，罗老便是其一。

1934 年，陈独秀在狱中读到罗尔纲未刊稿《太平天国广西起义史》，特意托人请罗氏来南京与他晤谈。新中国成立后，罗老为太平天国研究之勃兴，发挥了不可替代作用，作出了卓越贡献，主要体现在以下几个方面：主持筹建南京太平天国纪念馆（后扩建为太平天国历史博物馆）；牵头大规模地搜集、整理太平天国资料，主持编纂《太平天国史料丛编简辑》6 册以及《太平天国印书》《太平天国艺术》等，另参与编纂“中国近代史资料丛刊”第二种《太平天国》8 册，为研究提供了前所未有的便利；整理自己的研究成果，相继出版《太平天国史记载订谬集》《太平天国史事考》《太平天国史料辨伪集》等 7 本文集，为后学提供了一把入门锁钥，推动了新生研究力量的崛起；广泛调查、鉴定太平天国遗址和文物，促进了相关文物的保护工作。同在 20 世纪五六十年代，欧美、日本及我国港台地区的研究也达到高潮，太平天国研究一时成为世界性显学，罗老的名字也为更多人所熟知。积数十年之功力，罗老 85 岁时将《太平天国史》杀青，凡 88 卷 154 万言，开创著史新体裁，融合了叙论、纪年、表、志、传 5 种体裁；内容广博，考订缜密，多有创见。该书出版后广受关注，被誉为新中国太平天国研究的总结性成果，获首届郭沫若中国历史学奖一等奖。

1949 年新中国成立是 20 世纪中国历史的一个分水岭，也改变了罗老的命运。他努力适应新的政治和学术环境，但仍因极左思潮泛滥吃到苦头。1964 年，戚本禹等人断言“忠王不忠”，打着揪“叛徒”、彰“气节”旗号，掀起对李秀成的大批判，将学术问题上升为政治问题。罗老因坚持认为李秀成是伪降而遭到批判，承受巨大压力。“文革”初期，他被罚擦洗单位厕所的门，写了三年高可盈尺的检讨，正常的学术研究被打断，直至 1971 年奉调参加校点《清史稿》，处境才有所好转。1986 年夏，我随祁龙威教授拜访罗老，罗老在谈笑中平静地讲到，他原先也抽烟，“文革”中买不起烟，偶尔拾点烟头，后来连烟头也捡不到，就把烟戒了。听罢令人唏嘘不已。

但就总体而论，罗老的后半生是得远大于失、喜远大于忧。新中国成立前夕，在研究太平天国的第一代学者中，简又文、萧一山、郭廷以等移居港台地区。罗老留在大陆，得到党和政府的鼓励和关心，成为新中国太平天国研究的领军人物和奠基者，其生活困顿、常为补贴家用写稿的状况也随之改变。没有新中国，太平天国研究不会成为显学，罗老也就不会拥有如此广阔的学术平台。因为扎根大陆，罗老守住了治学之根，像大规模搜集、整理、编纂资料，离开大陆是无法进行的——截至1961年，在罗老主持下，采用在图书馆摸底筛查等方法，共发掘1200万字太平天国资料，其收获是空前的。进入改革开放新时期后，罗老迎来学术生涯又一春。仍以资料整理为例，他牵头编纂出版《太平天国文书汇编》和《太平天国资料汇编》（3册），并与王庆成研究员共同主编《中国近代史资料丛刊续编·太平天国》10册。新中国还使罗老的人生境界发生变化。他通过工作和学习改变了人生观，接受了唯物史观，明确了为人民服务意识，学术研究有了新方向新动力，并于1958年入党。简又文先生也对推动太平天国研究作出了贡献，但始终排斥用唯物史观来指导研究，认为太平天国是民族革命运动而非农民运动，认为太平军与湘军交战"分明是农民打农民"。这就限制了他的学术成就。相比之下，罗老将考据学与唯物史观相结合，既继承从乾嘉学派到胡适的考据学精髓，同时又打破为考据而考据、"只见树木不见森林"的局限，重视运用阶级分析方法、站在人民立场进行研究，打开了研究新视野，其学术成就自然超过同侪。

毋庸讳言，太平天国研究也存在偏差，主要表现为在理解和运用唯物史观时有简单化教条化倾向。1951年，罗老《忠王李秀成自传原稿笺证》一书出版，书中有段文字，说忠王打算伪降曾国藩，彼此属英雄惜英雄，一个是革命的英雄，一个是反革命的英雄。罗老单位负责人抓住称曾国藩是"反革命的英雄"一语，指责罗老"反人民反革命"，并致函出版社阻止该书发行。出版社提出由罗老赔偿所有损失，相当于罗老两年的工资。所幸上级领导思想开明，商议后仍准予发行。罗老叹曰：“于是一场风波始得平静，否则我一家六口那两年内只好喝西北风了！”（第 20 卷第 56 页）有了前车之鉴，人们不免心存顾忌，故而片面强调学术研究为政治服务，给历史人物贴政治标签、有意美化太平天国遂成为普遍现象，削弱了研究的科学性严肃性。新时期以来，绝大多数学者主动反思并努力纠偏，张守常教授在写给笔者的便笺中便坦言，“我们老一些的，都有太平天国遗民的心理”。罗老耄耋之年写成的《太平天国史》也反映了这种变化。在分析太平天国政权时，罗老认为神权主义加上封建主义，使太平天国产生一个特权阶层。他指出：“太平天国革命，要创立一个大同的人间天国，却沿袭封建制度制定了种种礼法成规，使特权阶层藉以骄侈腐化，争权夺利，为非作歹，腐蚀了革命，给农民政权以至深至重的危害。”（第 9 卷第 535 页）这体现了罗老的求索精神和勇气。

收入《全集》的著述，绝大多数是罗老在 1949 年后完成的。正如祁龙威教授在纪念罗老的文章中所说，“时代的车轮把罗先生的学术推前了一大步”。研究 20 世纪中国史学史，罗老的学术生涯很值得作为个案进行深入考究，而《全集》便是绝好的资料。

罗老治学十分严谨。他曾说：“我研究太平天国史，首先是做辨伪、考信的工作。做这种工作，必须忍耐、小心、一丝不苟，必须‘打破砂锅纹（问）到底’。这些习惯，应该说是我一生工作的基本功。”（第 20 卷第 165 页）。注释忠王李秀成“自述”集中体现了罗老的这种治学态度。

当年李秀成被俘后，在囚笼中写下5万余字，结合自身经历详述太平天国兴亡始末。曾国藩处死李秀成，将其亲供删改后在安庆刊刻，原稿则一直秘不示人。罗老1931年开始据安庆本《李秀成供》作注；1944年广西通志馆派人赴湘乡曾氏故宅，据忠王手稿补抄被删的5600余字，罗老遂调整版本、增订注释；1962年曾氏后人在台北影印出版忠王亲供手迹，罗老再次调整版本。有学者感叹说："在我国学术史上，注释史籍的名家不少，如裴松之注《三国志》、胡三省注《资治通鉴》等等，但在版本方面遭到如此曲折，还是没有过的。"1980年《李秀成自述原稿注》完稿，罗老自嘲地写道："四十九年来，好似乌龟爬行一样，一点一滴地去作注。有些注真正是'踏破铁鞋无觅处'，到费尽九牛二虎之力找到了，却又自笑无知。"（第11卷第193～194页）。时隔十余年之后，罗老根据新史料增补注释，又推出了增补本。该书名物训诂与史实考订并重，从典章制度、避讳字、特殊称谓等12个方面详加训诂，另从事实、时间等10个方面订正原文错误或补充缺略，共注释700条左右，注文是原文的四倍多，堪称当代考据学经典之作。罗老穷半个多世纪之力注释李秀成自述，从青春一直注到白首，在史学界传为佳话。由此不禁联想到，时下有些青年学人舍本求末，对唯物史观、考据学都不上心，一味在概念或观点上标新立异、追求轰动效应，或搞低水平重复性研究。针对这种浮躁浮夸之风，我们尤其需要大力提倡罗老十年磨一剑、甘坐冷板凳的治学精神。

在太平天国研究领域，罗老研究时间最长、成果最丰、贡献最大，当之无愧地成为一代宗师。诚如王庆成研究员所言，"罗先生是中国和全世界研究太平天国的最杰出者”。1999年6月，罗尔纲史学馆在南京太平天国历史博物馆落成，中共中央政治局委员、中国社会科学院院长李铁映在开馆仪式上发表题为《纪念罗尔纲 学习罗尔纲》的演讲。在中国近代史学界，论著述之宏富，首推罗老；身后受敬重规格之高，亦无人能及。

罗尔纲与胡适：割不断的师生情

生涯回忆、师友回忆、书信在《全集》中占2卷，述及罗老身世尤其是治学经历，包括与胡适、徐志摩、陈寅恪、沈从文、范文澜、吴晗等人的交往，为我们了解20世纪中国史学的发展脉络提供了一个独特视角。

在罗老师友中，对他影响最大的当属胡适先生。1930年自上海中国公学毕业后，罗老获校长胡适赏识，留在其身边做学术助手达5年之久，承担整理胡适父亲胡传遗稿、编纂蒲松龄《聊斋全集》等工作，朝夕过从，深受胡适治学态度和方法的浸染。罗老感叹说，胡适对他的督教“严似冰霜，却也煦如春阳，令人向上，使人奋发”（《全集》第20卷第37页）。胡适倡导“大胆的假设，小心的求证”，既重视提出新见解、探索新领域，又强调不苟且，有一分证据（资料）说一分话。罗老后来在太平天国研究领域开辨伪考证之风气，以及研究晚清兵制、金石学，考订《水浒传》版本等，都与胡适的引导有关。胡适从不写行草，罗老写字一横一捺相当工整，这也是两人的相近之处。

不过，师生之间也有分歧。罗老1937年出版第一本学术专著《太平天国史纲》，通过考释史实，否定了清季官私著述中对太平天国的许多恶意歪曲之词，认为太平天国革命的性质是贫农革命。该书问世后受到好评，但胡适却大为光火，面斥罗老带有主观、没有写太平天国的破坏性，是“学时髦”，尽管他也认为“此书叙事很简洁，是一部很可读的小史”。1948年，胡适赴美，师生从此天各一方。

1954年底，大陆发起对胡适思想的大规模批判，罗老无法置身事外，写了题为《两个人生》的表态文章。4年后，移居台湾的胡适在68岁生日前赶印罗老旧著《师门辱教记》（书名改为《师门五年记》），作馈赠贺寿人之用，并在“后记”中感喟道：“尔纲和我两人，成了‘隔世’的人已近10年了。”毫无嗔怪之意，似乎很体谅罗老的苦衷。在他心目中，罗老仍是那位尊师好学的门生。而罗老内心对胡适给予的教导、爱护也一直念兹在兹。及至后来国内不再全盘否定胡适、评价渐趋客观，罗老广泛搜集整理有关胡适生平及学术的研究资料，以寄托怀念之情。在93岁新撰的《胡适琐记》中，罗老谈及胡适侨居美国不愿领居留证，说“他是堂堂的中国人，不肯偷安异国”，并为其赴台后晚景凄凉而扼腕，认为胡适是“开创一代风气的伟大历史风云人物”（第20卷第352页）。这说明外在因素和岁月流逝终究没有割断两人的师生情。

仁者寿：道德文章永垂范

罗老悉心奖掖后学，诲人不倦。他专注学术研究，勤于事而讷于言，平素惜时如金不喜应酬，但对求教者从不拒绝，为此耗费大量时间和心血。国内研究太平天国的第二代学者，均以能见到罗老、得其亲炙为荣幸，几乎都得到过罗老指教，自视为罗老的私淑弟子，如笔者业师王庆成、祁龙威，以及茅家琦、钟文典、郭毅生、苏双碧等前辈。据钟文典教授回忆，他向罗老请教问题时，罗老不仅作了完善回答，还指出相关问题，甚至数次抄录十余页资料寄来。这方面事例甚多，兹不赘述。太平天国研究之所以能形成好风气，之所以能保持数十年繁荣，研究之深入、成果之丰富在中国近代史领域首屈一指，罗老居功至伟，起了传帮带作用。

罗老谦虚谨慎，从善如流。他成名早，1956 年被评为一级研究员，但从不以权威自居，倡言“为学要有大无畏追求真理的精神，要有承认错误的勇气”（第 20 卷第 195 页）。1984 年，罗老读到《安徽史学》一篇对自己某观点提出商榷的文章，特意写出订正旧说的一文寄给该刊，并在信函中针砭了自古文人相轻、同行成仇的现象，建议在文前加一按语，“以纲为‘的’，论述著者承认错误是对人民负责的应有态度，而提意见的同志则应有与人为善的态度，为百家争鸣提倡一种好风气”（第 21 卷第 295 页）。此事经《光明日报》《文汇报》报道，一时传为美谈。

笔者对此则有亲身体会。1987 年春，我拜读到罗老一文，内引《天父诗》第 237 首“看主单准看到肩，最好道理看胸前；一个大胆看眼上，怠慢尔王怠慢天”，认为这说明洪秀全的私生活“极顶严肃”。当时我正在读硕士学位，贸然给罗老写信，指出夫权意识严重的洪秀全实际上是在教训后宫“非礼勿视”，《天父诗》第 197 首可作注脚：“起眼看主是逆天，不止半点罪万千；低头垂眼草虔对，为得丈夫敬倒天。”出乎意外的是，罗老亲笔复信，称该文系急就篇，赞同我对该诗的解释，并赞许我就如何深化太平天国研究提出的粗浅看法，表示“极佩卓见”“望努力攀登”（第20卷第380页）。这使我颇感汗颜，受到鞭策。真正的大学者不单学问大，胸襟也大；不单学问好，人品也好。罗老就是这样的人。

罗老淡泊名利，做人低调。国家经济困难时期，他为领一级研究员的高薪而不安，主动提出降薪。在南京前后工作14年，出差自掏腰包，不花公款。主持筹建太平天国纪念馆，但对馆长一职坚辞不就。主持编纂出版数百万字文献资料，每篇文献还写了题解，但封面一律署“太平天国历史博物馆编”，不署自己的名，也不肯要稿费，执意将之作为博物馆经费；馆方只好存入银行，在罗老1964年返北京工作后寄还，又被退回。1986年，罗老又将《困学丛书》稿酬全部捐给广西贵县（今贵港市）图书馆，以示对家乡发展的关切。而生活中的罗老十分俭朴，布衣布鞋，粗茶淡饭，怡然自得。某记者在采访后写道：“乍见到罗老，我心中一怔：这位和本世纪同龄的大学者，却很像农民，已届高龄仍在操心劳作的农民！”罗老因而博得“布衣学者”雅号。那些贪官污吏、伪学者与罗老相比，不啻有霄壤之别。

罗老从小体弱多病，一生都在与疾病抗争，《生涯六记》中的《抗病记》对此记述甚详。他能取得如此突出的学术成就，享年97岁，除坚毅、乐观等因素外，与人品也有很大关系。茅家琦教授说得好：“无私无畏，心中无一点私心杂念，是先生一生事业和成就的精神基础。”李文治先生亦感叹说：“关于《抗病记》，对我启发也大。看来人之长寿与一个人的品德不无关系。”因为胸怀坦荡，罗老活得从容淡定，这对延年益寿显然是有帮助的。

“桃李不言，下自成蹊”。罗老无权无势，以德学双馨，赢得人们真心敬重。罗老逝世后，郭毅生教授写有一副挽联，额题“道德文章第一流”，上联为“金田起义何日？着佃交粮何时？军师制、伪降考，探微索隐，阐发幽赜。卓见永垂翰苑，晚生痛悼太平天国学一代宗师。”下联为“洪门创始奚年？水浒真义奚在？金石门、考据学，旁征远引，雅博宏通。巨著长留人间，八方缅怀中国近代史传世名家。”道出了人们的共同心声。罗老走了，但留下了《全集》，留下了道德文章。罗老依然活在大家的心中。

时代需要罗老这样的学术大师，多多益善。如今有关部门和高校定下在多少年内造就多少位学术大师的目标，听起来很令人振奋。不过，学术大师能够像模具那样批量生产吗？我感到有些茫然。学术大师的诞生需要诸多因素，包括个人禀赋和操守。现在国家十分重视哲学社会科学，外部条件越来越好，投入的经费越来越多，成果数量也确实上去了，但成果质量不成正比，学术风气堪忧。读罗老等前辈学者的著述，学嘉言懿行，做道德文章，对扭转这种现象不无裨益。从这个角度讲，罗老《全集》出版的意义并非仅限于学术层面。

金田、紫荆之游

广西是太平天国策源地，金田村、紫荆山因此闻名于世。北京天安门广场人民英雄纪念碑的第二块浮雕便是金田起义。从攻读硕士学位算起，我研究太平天国史已有30余年，但迟至2019年晚秋才首次踏足金田、紫荆，了却一心愿。

硝烟散尽170年，变化必然很大。就行政区划而论，贵县（今贵港）在清代隶属浔州府（与桂平县同城而治），如今桂平市（县级市）隶属贵港市（地级市），倒过来了。最令人感触的是社会经济发展状况，其变化之大，完全颠覆原始史料所描述的旧广西形象。

清道光末年即金田起义前夕，广西给人的总体印象是“地瘠民贫”“边荒地瘠”，民生问题突出。如今广西发展水平在南方各省中虽不靠前，但贫困闭塞的帽子已经摘掉。贵港、桂平具有现代气息，城里高楼大厦、车水马龙，乡村民居以楼房居多，乍一看与东南沿海地区并无多大区别。到达贵港当晚在市区文化广场散步，发现跳广场舞者甚多，没有大妈，多为年轻人，另有不少儿童，在霓虹灯映照下，边“嗨”边随着音乐跳快节奏的现代舞，十分投入。这一幕发生在翼王石达开故里，令人颇有感触。北王韦昌辉故居附近是座小学，校名很长，曰“桂平市金田镇太平天国金田起义纪念小学”。校舍是栋四层楼房，坐北朝南，楼前是个大操场。我们走过时，正逢学生们在像模像样地演练仪仗队列，鼓乐喧天，引得众人驻足观看。广西昔日交通闭塞，山重水复，蛮烟瘴雾，有“瘴乡”之称。位于桂平西北端的紫荆山属大瑶山余脉，层峦叠嶂，岩壑深广，人迹罕至。金田起义是在郑祖琛担任广西巡抚时爆发的，他就任时年老体衰，且广西已局势大乱，时人遂有“多病临戎幄，衰年入瘴乡”之叹。简又文、罗尔纲先生是国内研究太平天国史的第一代学者，两人1942年结伴从贵县走水路访金田，耗时近一昼夜。如今从贵港城区驱车到金田，约90公里路程，不用两小时就到了。桂平现有贵梧、荔玉、桂来等高速公路过境，另有多条二级公路，并且通了高铁（南宁至广州的南广高铁）。就连偏远山村也通了水电，实现路面硬化。在交通发达、互联网覆盖、智能手机普及的今天，天涯若比邻，山高水险不再是障碍，反而成了宝贵资源。我们在桂平下榻西山假日大酒店，紧挨4A级景区西山山门，晚上爬山漫步者甚多。北回归线在桂平境内穿过，为此专门建了“北回归线标志公园”。

桂平属亚热带地区，此番调研对此产生较深印象，而史料绝少言及这一特征。城乡随处可见榕树、樟树等。古林社是南王冯云山当年孤身进紫荆山布道之前的落脚地，全村最易勾起历史沧桑感的是村口那棵古榕树，树冠极大，树梢随风轻轻摇曳，仿佛在诉说如烟往事。水果甚多，村落常见的有芭蕉、菠萝蜜、百香果、甘蔗、木瓜、番石榴、阳桃、枇杷、鳄梨（牛油果）。尤其是枝叶繁茂、挺拔舒展的龙眼树，对生活在北方的人来说颇吸引眼球。农作物除水稻外，还有玉米、淮山、木薯、芋头等。河水清澈，竹林掩映，古树葱茏，果蔬点缀，土鸡觅食，别有一番田园风光。

地理、气候、民俗民风等构成历史事件发生的特定环境。过去我们对这些细节关注不够，以致写出来的东西近乎教科书中的名词解释，比较抽象干瘪，千篇一律，文字的准确性、鲜活性有欠缺。研究历史，单纯枯坐书斋研读历史文献是不够的。到历史遗址遗迹走一走、看一看，可以为研究找感觉，减少描述历史时的臆想成分；触景生情，也有助于深化对历史的思考。

不过，时过境迁，沧海桑田，特别是随着城镇化、工业化快速推进，如今置身历史遗址遗迹，已很难寻找到那种历史感。譬如，金田村建制虽未撤销，但旧村落实际上已不存在，民居多为楼房，面目一新。韦昌辉当年是村中富户，毁家纾难，使金田村成为密谋起义的大本营。其故居原为砖木结构，占地 330 平方米，左右厢房、横屋、门楼，屋前有月池。相传在起义前，韦氏在家中开炉打造武器，在月池养鹅，借鹅群叫声遮掩锻造武器之声。官府为了泄恨，后将金田村付诸一炬。业师王庆成研究员 1978 年来访时，韦昌辉故居仍是废墟。我们今天凭吊的韦氏故居经历了两次修建：1986 年受经费限制，建得比较简陋；近年拆除扩建、重新布展。房屋变漂亮了，可惜格局已变，月池荡然无存，全无过去痕迹。村外西侧不多远为犀牛岭，实为一土丘，岭上平地长 750 米、宽 330 米，俗称“营盘”，为起义者操练和誓师之地，1961 年被国务院定为全国重点文物保护单位，1995 年被广西命名为“爱国主义教育基地”。今之犀牛岭绿化甚好，空旷静谧。岭北即犀牛潭，传说为起义前沉埋武器之所，旧时水面仅十余米宽，现已拓宽至百余米，对岸绿树、黄牛倒映水中，给人恬静柔美之感。总之，金田起义旧址环境美化，与风景名胜区无异。此处竖立的中英文对照简介牌也是这么说的，强调这里是全国重点风景名胜区桂平西山风景名胜区的组成部分，广西对外开放的旅游点。据介绍，当地打算将金田起义旧址一带打造成国家5A级红色旅游经典景区。借历史搭台、经济唱戏，这种思路能够理解，但似乎有点偏差。说到底，历史资源与旅游资源不是一回事，凭吊历史与欣赏风景不是一回事。历史遗址遗迹应以保护为上，不能人为改变环境，尤其不能刻意打造成风景名胜区。否则，置身其中，怎能唤起一种历史感？

值得一看的遗址遗迹数量大为减少，且面目大变，令人扼腕。洪秀全等在起义初期从象州、武宣回师金田，扼紫荆山区猪仔峡、双髻山等要隘，前以毗邻金田村的新圩镇为门户，设前敌指挥所于新圩三界庙，在莫村等地构筑外围防线。新圩今为金田镇所在地，现存三界庙系清同治四年即1865年修缮，在周边现代建筑群中显得很孤单。莫村又名傅家寨，太平军当年征用的傅姓地主大庄院遗址尚存，多为三合土夯墙；院后那座五层炮楼仅存基脚；昔日防御工事残存的矮墙、石基爬满青苔，掩隐在灌木野草中。贵县赐谷村是洪秀全首次入桂时的栖身地，其表兄王盛均家旧址现为一栋红砖砌成的两层楼房。王作新是紫荆山乡绅，当年蓄意加害，导致冯云山入狱，其旧址上老屋尚存，但无人居住。这些村落与金田村类似，有两大特征：一是青壮年大多外出务工，留村者多为妇孺老弱。二是村落布局已变，新建不少楼房，土坯房多数被拆，仅留下门槛石等老物件作为念想；仅存的老房子空荡无人，处在自然衰败中，只落得断垣残壁、荒草萋萋。倘若不是被定为文物保护单位，估计现存的这些老屋早已被拆毁。按照目前这种节奏，老房子、旧村落很快便会群体性消失。我们在城市建设上走过弯路，教训深刻——先是忙不迭地拆旧城、建新城，后又耗费巨资兴建仿古建筑，推出建筑赝品。这一幕不应在乡村重演。没有历史建筑，也就失去特点，失去唤起历史记忆和乡情的文化符号。如何保护古村落、旧民居，包括那些旧祠堂，是个刻不容缓的大问题。

时下田野调研通常乘车，便利许多，缺陷是令人难辨方向，没有步行那么观察细微，更何况地理环境早已大变。作为太平天国真正的发祥地，紫荆山是上帝信仰开花结果、洪秀全邀集群雄之所，东王杨秀清、西王萧朝贵故里，可惜此行仅是匆匆一瞥。双髻山是紫荆山西端门户，因山高路远，我们仅在山脚远眺而已。当年清军在攻破双髻山后，猛扑紫荆山南端门户、长达十余里的峡谷——风门坳。据载，风门坳陡险异常，两峰并峙，山涧深可及腹，“上则峭壁千仞，下则深崖百寻”。太平军在坳口筑石壁安大炮，在两边山梁搭望楼及草棚数百间，凭险据守。如今险隘已成通途，峡谷被水库蓄水淹没，昔日狭窄溪流变成约百米宽的湖面，近旁有公路蜿蜒而上。山清水秀，万籁俱寂，丝毫找不到当年鏖战之痕迹。大藤峡位于桂平境内黔江下游，因昔有大藤横跨江面供人攀附渡江而得名，因明代侯大苟瑶民起义而闻名，熟悉历史的毛泽东主席 1974 年亲笔写下“大藤峡”三字。过去黔江在万山丛中曲折穿越，两岸山高林密，江流湍急，无路可进，进来也容易迷失方向。如今修了公路，建了水库，被辟为生态旅游区，进山不再是难事。我们坐船游江，山色空蒙、水光潋滟，但已无从领略奇险之意境。不数日，大藤峡水利枢纽工程实现大江截流，我们见到的景致从此也不复存在。

今之桂平到处是水田，一年两季水稻。当年清军将帅在奏报桂平境内交战场景时，常提到“稻田”“水田”。从紫荆山南麓到浔江，沃野平川一望无际，村落环布，物产丰富，而金田村恰好处在这片平原的中心地带，邻近的新圩是桂平北部最重要的商业圩镇，便于交通、屯兵和筹粮。洪秀全等当年酝酿金田团营，选择金田村作为起义群众集结屯营之地，确实很有战略眼光。

投资逾亿元、历时数年建成的金田起义博物馆位于犀牛岭南面，其主体建筑高 51 米，寓意金田起义爆发于 1851 年；有 14 根立柱，象征太平天国存世 14 年；外形好似打开的书，等待游人来翻开页面回望历史。也有人说，其外形似“金”或“人”字，喻指起义发生在金田，提倡人人平等。

说洪秀全有人人平等思想，显然是溢美之词。关于洪秀全和太平天国的评价，其争议、起伏之大，在中国近代史各分支研究中莫此为甚。在极左思潮泛滥的年代，人们一味美化洪秀全和太平天国，把洪秀全塑造成完美无缺的农民革命领袖，乃至以他的是非来评价相关人物，把杨秀清说成是“野心家”，韦昌辉是“阶级异己分子”，石达开是“分裂主义者”，李秀成是“叛徒”，曾国藩是“汉奸”“刽子手”。进入改革开放新时期后，全盘否定洪秀全、一味美化曾国藩的声音日渐增多，走向另一个极端。如冯友兰先生将湘军与太平军之间的战争说成是“人权”与“神权”之争，为曾国藩获胜叫好。有人指斥洪秀全是“暴君”“邪教主”“淫棍”“有轻度精神病的准皇帝”，认为太平天国除了“破坏”还是“破坏”，为其败亡拍手称快。有人甚至往前推，否定金田起义，谴责洪秀全是“野心家”，因考不上秀才而心怀不满，故而掀起“叛乱”。这些说法是不能成立的。

金田起义的正义性不容否定。金田起义爆发的根本原因，在于吏治腐败、官逼民反。进入清代，广西社会经济有较大发展，这与广东客家人大量迁徙广西有关联。例如，广西原先耕作较为粗放，客家人推广精耕细作，使粮食产量有所增加；客家人经商则促进了商品流通。不过，与邻省特别是广东相比，广西发展仍比较落后，财政不能自给，需外省接济或中央拨款。随着由起初的地广人稀转为地少人多，为扩大耕地而开垦河滩、砍伐森林，使广西生态环境持续恶化，导致水旱灾害频发。到道光末年，还包括蝗灾、饥荒等。这是天灾，更是人祸。广西吏治存在两大弊病。一是官员不作为。广西穷，开发晚，问题多，外省人一般不太情愿来此做官，来了也想调走，官员队伍不稳定，相率苟安。二是官员胡作非为，贪墨成风、残民以逞。时人笔记和地方志对此有大量记载。道光年间贵县知县杨曾惠便是一例，集“恬嬉贪黩”于一身。这使得广西社会问题多、矛盾冲突多，包括大规模的土客械斗，以及族群冲突——随着汉民大量涌入，壮民、瑶民、苗民等被迫从平原移居山麓乃至深山老林，这一过程并非和风细雨。而最为突出和根本的社会矛盾是土地问题，直接表现为贫富、官民之间的对立。官府为维持秩序，一再告诫百姓要安分守己，而实际情形是越来越多的农民无地可种。据金田起义博物馆陈列介绍，当时金田村共有水田 750 亩，其中地主占地 85%，农民仅占 15%。土地兼并现象愈演愈烈，使大量自耕农沦为佃农，接受沉重的地租剥削；等而下之者，则沦为游民或流民，成为天地会源源不断的生力军。民不堪命，必然铤而走险，从杀富济贫、打家劫舍（洪秀全 1847 年二次入桂，就在途中被劫），向攻城劫狱过渡，以致民变蜂起。据统计，在道光末年，广西相继有 14 座城池失守。天地会暴动此起彼伏，全省已是一片火海，官、绅、民均感到朝不谋夕，即所谓“民不聊生，官亦不聊生”，社会近乎解体。这在南方各省中是绝无仅有的现象。无论是钦差大臣林则徐，还是其继任者李星沅，以及署理广西巡抚周天爵，他们的目标都是镇压天地会，金田村进入官方视野是后来的事。也就是说，洪秀全与金田村并不是广西“动乱”的源头。

生了一场病，做了一个梦（丁酉年升天异梦），看了一本书（《劝世良言》），只是诱导洪秀全从热衷科考转而皈依上帝，惟有广西境内狂飙式的民变大潮才把他推到反清斗争前列，其中的逻辑关系十分清晰。洪秀全曾说，“过于忍耐或谦卑，殊不适用于今时，盖将无以管镇邪恶之世也”，正反映了其思想演变的轨迹。“金田起义”是太平天国自己提出并一再使用的概念，自认为具有正义性。说洪秀全因个人野心膨胀而故意煽动“叛乱”，实属皮相之见、污蔑之辞。就连后来主持广西战事的钦差大臣赛尚阿也承认官逼民反这一事实。他在奏折中分析说："州县各官，胆大贪婪，任听家丁者十居八九。百姓受其欺凌，终无了期，往往铤而走险。……粤西之匪蓄谋已非一日，缘大吏因循、州县逼迫所致。"鸿胪寺卿吕贤基也认为："今日胁从之民，皆前日之赤子也。其势迫于无可奈何，遂苟且以延残喘耳。"我们的认识水平总不能还不如这些封建官僚吧？倘若否定金田起义，天安门广场人民英雄纪念碑的第二块浮雕"金田起义"照理就要被铲毁，由此引发的思想混乱和冲击可想而知。我们有责任对历史作正确解读，引导人们树立正确的历史观。

在桂平盘桓，极目远望，不禁唏嘘不已。我脚下的这片土地在金田团营时曾上演震撼一幕：成千上万的民众变卖家产，扶老携幼跋山涉水，如百川归海，从四面八方涌向金田，响应起义。这是何等的决绝与果敢！而激励他（她）们奋然前进的正是这样一种坚定信念——摆脱剥削与压迫，告别纷扰与贫困，过上太平、体面的日子，甚或享有荣华富贵。他（她）们渴望过上新生活、建立新社会，但又无力挣脱旧思想旧制度的羁绊，步履沉重。太平天国存世 14 年，"其兴也勃焉，其亡也忽焉"，个中原委发人深省。由此联想到庆祝新中国成立 70 周年在天安门广场举行的盛大阅兵仪式和群众游行，10 万群众是游行主角，场面极具震撼力，我印象最深的是写在人们脸上的灿烂笑容——那是发自心底的欢笑。中国社会持续发展进步，我们走进了新时代！

金田起义在当地很有影响，构成集体记忆。在傅家寨村口，79 岁的陈姓老妪见到我们，即兴唱道："金田是个好地方，紫荆泉水绕村庄。昔日天国起义地，圣火辉煌照四方。”洪秀全等人起初很接地气，关心民瘼，赢得了民心。我想，这应是百姓至今仍尊崇这段历史的主要原因。

（2019年11月）

《从塾师、基督徒到王爷：洪仁玕》后记[①]

细说起来，我对太平天国史最初的认识始于在苏州读大学时。苏州曾是太平天国苏福省的首府，在城内及周围的县城乡镇，至今仍保存着不少太平天国的遗址、遗物，民间也流传着许多有关太平军的传说。我利用地理之便，常去凭吊古迹。眼前的一砖一瓦似乎在向我展示着太平天国盛衰兴亡的轨迹，诉说着那段跌宕起伏的历史，不时勾起我的怀古之幽情。当时，董蔡时教授（年前驾鹤归仙）开设“太平天国史”选修课，使我得以粗涉太平天国史。大学毕业后，我又先后师从祁龙威教授、王庆成研究员研治太平天国史，从此便与太平天国史结缘。1992 年，在博士学位论文的基础上，我修订出版了《太平天国宗教》一书。此后，我一直有意从社会史的角度，接着再写一本研究太平天国时期江南农村社会状况和社会变迁的专著——这是王庆成先生当初供我挑选的两个博士论文选题之一。去年初春，蒙刘志琴先生厚爱，相告冯天瑜先生正在主编一套《转型间学人评传书系》丛书，问我是否有意承担传主之一洪仁玕的写作任务。我欣然应诺，并很快与出版社签订了合约。这便是我撰写本书的缘起。

---

① 拙著《从塾师、基督徒到王爷：洪仁玕》，湖北教育出版社 1999 年出版，社会科学文献出版社 2007 年第 2 版，获第四届中国社会科学院优秀科研成果二等奖。本文为该书“后记”，写于 1998 年 8 月 28 日。

我之所以对洪仁玕这个人物产生兴趣，主要是因为在太平天国人物研究中，以对洪仁玕的研究最为薄弱。该研究最大的障碍在于史料匮乏。囿于史料，我们对洪仁玕的生平行迹不甚了了，语焉不详，且有不少以讹传讹之说。迄今为止，洪仁玕传记仅推出了两种，分别是郦纯先生的《洪仁玕》（上海人民出版社 1978 年版）和沈渭滨先生的《洪仁玕》（上海人民出版社 1982 年版）。这两本书虽有开拓之功，但篇幅均不足 8 万字。其他相关论著则大多侧重于对洪仁玕《资政新篇》及其新政举措的评述，且众说纷纭。而洪仁玕思想的演变实与他流亡期间的特殊经历有着极深的渊源关系；另一方面，作为太平天国后期的首辅大臣，洪仁玕与太平天国后期的历史又密不可分。因此，惟有在充分占有史料的基础上，对洪仁玕的生平作一番较为详尽的钩沉考稽，我们的立论才能避免因缺乏史料支撑而流于空泛，才能对洪仁玕的心路历程和人生轨迹——包括太平天国后期的军政大事、朝内纷争等——有一个较为准确的把握，进而深化对太平天国历史和思想的认识。而要想在洪仁玕研究上有所突破，除了期待太平天国自身文献续有新的发现外，重视对西文资料的挖掘、利用无疑是另一重要途径。

1994 年初，业师王庆成先生在台北“故宫博物院”文献馆寻访到洪仁玕被俘后的供词七件，亲书绝命诗四首，以及洪仁玕签驳《李秀成供》文书。其后，根据王先生提供的线索，日本学者小岛晋治教授踵往台北搜寻，结果又有新的发现。王先生后来将这些文献的影印件或整理出来的打印件一并慨然提供给我使用。它们对洪仁玕研究而言是弥足珍贵的史料。

西文资料方面，我原先在研究太平天国宗教时曾参阅了十余种西人原始著述，后又续有进展。1994 年至 1995 年间，我作为哈佛—燕京学社的访问学者赴美进修一年。在此期间，我与不少美国同行进行过接触，其中接触最多的要数哈佛大学的孔飞力（Philip A. Kuhn）教授和耶鲁大学的史景迁（Jonathan D. Spence）教授。这两位学者都是美国享有盛名的历史学家，在太平天国史研究方面也很有造诣。孔飞力教授是《剑桥中国晚清史》太平天国部分的撰稿人；在《中华帝国晚期的叛乱及其敌人》一书中，他还提出了一个著名论点，即主张从中国内部事件所引起的社会结构的变化来探究中国近代的起始，认为王朝的衰落不同于旧秩序的衰落，中国旧秩序衰落的起始时间不早于 1864 年，即太平天国败亡的那一年。在哈佛期间，我有较多机会向孔飞力教授讨教，并旁听了他给研究生开设的课程，由此获得大量信息，颇受启发。此外，应史景迁教授之邀，我曾三度作客纽黑文（New Haven）。其时，恰逢史景迁教授正在撰写太平天国史方面的研究专著——即 1996 年正式出版的有极高学术水准的《上帝的中国儿子：洪秀全的太平天国》一书。他向我介绍了一些涉及洪仁玕的重要的英文原始资料，而彼此之间毫无拘束的交谈更使我获益匪浅。这也正是后来诱发我萌生撰写洪仁玕传记念头的原因之一。当我正式动笔时，史景迁教授和台北“中央研究院”近代史研究所的张力研究员、香港信义宗神学院的李志刚教授又相继寄赠了一些相关资料或参考书籍。

总之，上述不可或缺的中西文史料使本书的撰写最终成为可能。

作为一名落榜童生，与这套丛书中的其他传主相比，洪仁玕在严格意义上还算不上是个“学人”，但洪仁玕无疑是他那个时代在探索西学方面的先觉之士，而且以文化转型为切入点来探讨洪仁玕的生平和思想，是一个十分贴切的视角。关于洪仁玕的生平行迹，由于相对于研究而言，现所掌握的史料仍谈不上充足，故而某些细节尚有待日后作进一步的考订。在剖析洪仁玕的思想时，鉴于洪仁玕直到后期才加入太平军，因此，为了说明其思想的时代色彩和独到之处，有必要将之与太平天国前期的相关意识形态作一比较研究。确切地说，是就洪仁玕与洪秀全的思想作一比较研究。“宗教思想”一章是我用力最勤的章节之一，内有不少内容补充了拙著《太平天国宗教》中的缺漏之处，融会了近年来我对宗教问题的新的思考和认识。此外，为了使传主的形象富有血肉，历史的画面更有层次，我还刻意从西文资料中剪辑了一些能够反映传主个性或情感世界的细微情节。经过前后一年多的时间，我终于完成了与洪仁玕的对话。这部书稿凝结着我五百多个日日夜夜的心血，同时也是我从事太平天国史研究十余年的一个积累。不过，人物研究对我来说毕竟是一个新的尝试，本书究竟写得如何，尚留待读者诸君来评判。我期待着朋友们的批评指正。

在本书即将付排之际，我谨借此机会，向上文提到的中外前辈学者，向所有曾给予我关怀和帮助的师长、同事、朋友，表示我由衷的谢意。我尤其要感谢我的导师王庆成先生和祁龙威先生。这么多年来，两位先生一直对我悉心指导，关怀备至，令我无限感怀。王先生不仅为本书的撰写提供了资料上的便利，还向我提供了他的最新研究成果作为参考，及至赴美后仍不时来信询问我的写作情况。祁先生对本书的撰写同样予以了关注。他在20年前曾主持编注了《洪仁玕选集》，后又发表过数篇关于洪仁玕研究的重要论文。在扬州求学期间，祁先生一直训练我们以乾嘉考据之学治太平天国史，至今言犹在耳。因此，本书实凝结着两位恩师的心血。

我还要感谢湖北教育出版社的孙艳魁先生，他为本书的出版付出了大量劳动。孙君学有所长，且为人谦和，十分敬业。一年多来，我们合作得十分愉快。

“父兮生我母鞠我，长育劬劳无能名”（语出洪秀全《原道救世歌》），最后，我想借用这句话来表达我对父母亲大人的一片真挚情感。对于我的父母亲和我的妻子周艳女士来说，本书的出版无疑是件让他（她）们感到高兴的事，这使我略感宽慰，尽管我能够奉献、回报给他（她）们的似乎只能是精神层面上的东西。

《天国的陨落——太平天国宗教再研究》后记[①]

1991年夏，笔者开始在博士学位论文的基础上撰写《太平天国宗教》一书。该书于次年出版后，受到国内外同行的关注，先后获中国社会科学院第二届青年优秀成果奖专著二等奖、中国社科院近代史研究所1992～1994年度优秀科研成果奖。不过，该书对上帝教的探讨说不上全面，在某些方面也有待深入。因此，我一直存有日后重写此书的念头，今天终于了却这一心愿。

在《太平天国宗教》一书的"后记"中，我写有这样一段话："1992年4月1日凌晨，我带着一种虚脱感写完了这部书稿的最后一行字。几小时后，我便匆匆背上行囊，赶赴河北农村，开始了为期8个月的基层锻炼生活。两年多来所经历的那种艰辛劳瘁令人难以忘怀，我为自己没有辜负美好的青春岁月而感到宽慰。"13年前写这段话时，我还不到而立之年，而如今已年逾不惑。蓦然回首，不免令人有些感喟。

2003年初，我的工作岗位有所变动。在不影响本职工作的前提下，我并没有舍弃原先拟订的研究计划。本书的撰写始于2004年初春。由于每天要坐班，写作主要利用晚上时间进行；

① 拙著《天国的陨落——太平天国宗教再研究》，收入《国家清史编纂委员会·研究丛刊》，中国人民大学出版社2006年出版，2012年11月获第四届郭沫若中国历史学奖提名奖，2019年12月获中国社会科学院第十届优秀科研成果奖三等奖。本文为该书"后记"，写于2005年中秋节。

有时候连晚上时间也被挤占，只好见缝插针。在近一年的时间里，我几乎每天都工作到午夜时分。在这种高强度、快节奏的生活中，我体味到一种精神上的愉悦和轻松。不以物喜，不以己悲，活得充实，活得真实，活得坦然——这或许是人生的一种境界，虽不能至，心向往之。

书稿于2004年末毕稿后，出版事宜颇费了些周折。曾有两家大出版社主动与我联系，表示愿意出版该书，但最终都提出需要出版资助，于是只好作罢。出版一时没有着落，反而使我能够从容地对书稿进行反复修订。近些日子，国家清史编纂委员会经过组织专家匿名评审、开会审议，决定将该书纳入“国家清史编纂委员会·研究丛刊”出版计划。此事至此终于尘埃落定。这使我颇感欣慰。

一部太平天国宗教史，实际上是一部太平天国思想史，而且所涵盖的内容更为宽泛。太平天国以宗教起家，又以宗教立国，若要深入认识太平天国的历史和思想，自然绕不开宗教这个话题。反过来说，研究太平天国宗教，不能单纯地就宗教论宗教，还必须以小见大、由表及里，研究相关的太平天国历史和思想。对太平天国来说，宗教兼有兴奋剂与麻醉剂的双重作用（本书正文对此有较详细的论述）。本书冠名为《天国的陨落》，主要是从太平天国最终败亡、从宗教本质上是一种虚幻的世界观来立意的，并非有意抹煞它的前一种功能。与旧著《太平天国宗教》相比，本书篇幅多出约20万字；框架重叠的部分，其内容与表述也有明显区别。全书在结构上作了较大调整，内容上有所充实，补充了不少新资料，探讨了一些新问题，提出了一些新见解，融会了笔者近13年来新的相关研究成果。所谓“再研究”，本意是写出一本新书，力争有助于将上帝教与太平天国史研究推向深入。

太平天国史研究至今已持续了一个世纪左右，是一门世界性的学问，名家辈出，著述如林。20世纪五六十年代，该研究在国内达到一个高潮，成为中国近代史学科成果最丰、研究最为深入的一个分支。以太平天国为主体的农民战争史研究因成绩巨大而被誉为国内史学界的“五朵金花”之一，乃至太平天国史研究一度被称为“太学”。与此同时，海外学术界也相继有一批重要论著问世；太平天国与美国内战、法国大革命一并成为欧美历史学专业博士论文的热门选题。近二十年来，随着研究难度的加大和学者们研究兴趣的转移，该研究日趋冷落。若从1985年攻读硕士学位算起，我一直主要从事太平天国史研究，迄今刚好20年，似乎显得有些不合潮流、吃力不讨好。曾有不少友人善意地劝我转移研究方向。愚以为，拓宽研究范围、涉足新的领域是必然和必须的，时代不同，史学研究的侧重点必然会有所变化，但研究者应顺其自然，在选择具体研究领域时，不必刻意去赶时髦、追新潮，而应结合自己的知识结构和研究兴趣，同时也要加强对学术史的了解。在我看来，太平天国史研究远未穷尽，仍存有不小的研究空间。无论是过去的一哄而上，还是现在的门可罗雀，都不是一种正常现象。研究课题本质上并没有重点与非重点之分，研究成果的价值与影响大小固然与该课题是否热门不无关系，但主要仍取决于学者自身的研究水平；老题新做，对研究者的学识和视野更是一种考验；学术研究有其自身的发展规律，学者应当耐得住寂寞。

近二十年来，社会史研究受到越来越多的重视，并已取得重大进展。关于社会史的定义、研究对象等，时贤多有论述，见解不一。其实，从当年法国年鉴学派开风气之先起，社会史研究便一直是以反思并打破传统史学研究框架的面目出现的。我赞同常宗虎先生的观点，即社会史不是一个新的学科分支，而是一种新的研究视角和方法（参见常宗虎：《社会史浅论》，载《历史研究》1995 年第 1 期）。自下而上的研究视角，多学科渗透、交融的研究方法，对社会动态的关注，这些都应当是社会史研究的题中应有之义。但既然社会史不是一个独立的学科分支，有别于政治史、经济史、思想史之类，那么，它的研究对象也就具有相当的弹性或包容性，似不必画地为牢，过于拘泥和强调总体史、区域史之类的概念。举凡社会生活、社会组织、社会群体以及人口、灾荒、宗教等研究，固然可以视作社会史研究，但何尝不是专门史研究。依我看，社会史研究的精髓和真谛在于研究视角、研究方法（包括文字表述的方式）上的推陈出新，在于如何研究，而不在于研究什么。研究视角、研究方法不同，所研究的对象和内容必然会有所不同。倘若仅是在研究课题上标新立异，但研究视角和方法依然如故，那就与社会史研究的主旨有所游离。另一方面，包括政治史在内的一切传统课题，都可以从社会史的角度展开研究。美国学者魏斐德（F.Wakeman）的《大门口的陌生人》、孔飞力（P.kuhn）的《中华帝国晚期的叛乱及其敌人》，便是具有启发意义的范例。傅衣凌先生是国内社会经济史研究的主要奠基者之一，他的《福建佃农经济史丛考》《明清社会经济史论文集》等，也堪称这方面的范例。不过，社会经济史也好，社会文化史、社会政治史也罢，从严格意义上讲，本质上还是经济史、文化史、政治史。

本书内容在一定程度上反映了笔者的上述理解和理念。至于这些看法是否正确，该书究竟写得如何，仍有待大家来评判。任何善意的批评指正，都是我所期待并乐于接受的。

为本书作序的王庆成先生、祁龙威先生是我的恩师。13年前，两位先生为拙著《太平天国宗教》写序；如今又以八旬上下高龄再度欣然赐序。这从一个侧面见证了我的学术成长过程，同时更见证了两位恩师对我的悉心指导和关爱。这么多年来，这份情感一直是我生活中的精神支柱之一。我还要感谢冷溶、李慎明两位同志。他们待人谦和诚恳，给我创造了一个十分宽松的工作环境，使我在新的工作岗位上始终保持着一种愉悦的心情；而不时的耳提面命，更使我获益良多。

李文海先生是我所敬重的一位前辈学者，当年参与主持了我的博士学位论文答辩，此次又具体主持了对本书的评审工作。他与编委会成员的认真负责态度，使我十分感怀。而他本人对书稿所给予的肯定性评价，对我是一种鼓舞，更是一种鞭策。我在学术研究上的点滴收获，与海内外众多师友所给予的指导、关心和帮助是分不开的，在此无法一一细述，谨默默地向大家道声“谢谢”。

近三年来，我的妻子周艳独自承担了照料孩子的责任，解除了我的后顾之忧。犬子夏逸舟也很争气，今夏考取了市重点中学实验班，使我省心不少。从这个意义上说，本书的顺利问世，也有她（他）们的一份功劳。

《天国的陨落——太平天国宗教再研究》（增订版）后记[1]

2003年初，服从院领导安排，我从近代史研究所调到理论岗位，至今已近13年。工作岗位的变动，意味着自此无法全身心地投入史学研究，原先的专业成了“副业”。聊以自慰的是，我始终没有放弃研究。13年间，出版《天国的陨落——太平天国宗教再研究》一书，42.8万字；完成国家清史纂修工程《通纪·第六卷》的撰写，近40万字；编《洪秀全 洪仁玕卷》（《中国近代思想家文库》之一），36.7万字，2015年1月出版，半年后再次印刷；旧著《从塾师、基督徒到王爷：洪仁玕》《教案史话》得以再版；发表论文十余篇。与在研究岗位原本能够取得的成果相比，这点论著自然不足道，但毕竟是挤出时间坚持研究、写作才有的结果，个中甘苦，如鱼饮水，冷暖自知。以《通纪·第六卷》的写作为例，前后持续8年，仅提纲就修订20稿。《新民晚报》2013年4月28日刊发杨丽琼女士执笔的整版采访文章，标题即为《熬夜写作已成常态——夏春涛研究员谈纂修〈清史·通纪〉艰辛之路》。

① 拙著《天国的陨落——太平天国再研究》（增订版），收入中国人民大学出版社“当代中国人文大系”，2016年出版。本文系该书“后记”，写于2015年霜降之日。

此外，与学界的联系虽不紧密，但没有中断。我曾应邀到北京大学、中国人民大学、苏州大学等高校，给近代史专业研究生作太平天国史学术讲座。2013年10月应邀到台北，参加“中央研究院”中国文哲研究所举办的“太平天国/战争人间：叙述与诠释”学术座谈会，担任第一场主讲人。2008年，罗尔纲前辈的女儿罗文起老师、女婿贾熟村研究员编纂罗老全集，我遵嘱就全集目录提了点建议。贾老师回复说：“拜读来函及出版推荐书，令人肃然起敬！全国如此众多的专家，有谁能像阁下，对罗老研究得如此全面，如此系统，如此深刻！评语中肯，令人信服，非常感谢！文起正在按照您的宝贵意见，逐项查对调整，待修订后，再将新编之目录寄上，请再进一步指正……”罗文起老师联署时写道“罗文起容后谢 又及”。谦逊、厚道是近代史所老辈学者的共同特点，令人感怀，同时也为自己得到承认而感到宽慰——毕竟我已脱离正规军，成了史学界的“散兵游勇”。

恩师王庆成研究员是我研究太平天国宗教的引路人，现旅居美国。学生叩见不便，怅惘久之。近日偶然翻检旧日师友手札，再睹罗尔纲先生、李文海教授、张守常教授和恩师祁龙威教授等前辈学者手泽，嘘唏不已。在求学治学过程中，许多师长给了我提携、指教和鼓励，而我回馈太少；近十余年过于忙碌，自己平日连饮食起居都不正常，失礼之处在所难免。每念及此，颇为负疚。

我还保留着一封2006年暮秋从美国洛杉矶寄来的中文信函，内云从网络上看到《从塾师、基督徒到王爷：洪仁玕》一书的获奖简介，计划出资据此拍成电影或电视剧，希望我写得再丰满些，把洪仁玕研究搞好；他自己有出版社、报纸，今后将赞助我的论著在美国出版、发表。他还让我提供有关洪仁玕后代的资料，以及洪氏故居、被杀地点的信息。让我感到诧异的是这样一段话："我为什么关心洪仁玕？您可能不相信，我就是洪仁玕，洪仁玕是我的一个前世。当我知道这些后，我非常痛苦。我想为他做些事情。现在，我已找到了洪宣娇的今世。我和她都愿意为太平天国和洪氏家族的研究尽些力。我知道，您不会相信这些。无所谓，您只管搞好洪仁玕的研究就好了。"末尾，对方写道："太悲惨了，当想起自己被砍头的经历时，自己难忍热泪。您给我保密，免得人们把我当疯子。"附信有张名片，详列地址、Email 信箱、电话等。

我相信这位先生没有恶意，但自称是洪仁玕，不免让我在瞬间有种恍惚感。这种预设前提使对话失去了可能性。不过，这种宗教情结很耐人寻味。现实生活需要讲究理性，而人的内心活动是无拘无束的，在梦境中甚至可以穿越时空。宗教情绪的驱动力源于现世，并对现实产生影响。160 多年前兴起的太平天国便带有浓厚的宗教色彩，宗教与太平天国的兴亡息息相关。而这正是《天国的陨落》一书所探讨的主题。

该书问世已近 10 年，获第四届郭沫若中国历史学奖提名奖。日本学者菊池秀明教授在《清代中国南部的社会变化与太平天国》一书中，认为太平天国史研究已走出低潮，"出现了几个值得关注的成果"，首先列举的便是此书。台湾"清华大学"本科生、研究生"中国近代思潮"课程将之列为参考书籍，并将部分章节收入“影印资料辑”。2014年11月赴沪参加太平天国失败150周年学术研讨会，上海师范大学周育民教授对我说，此书早已售罄，应考虑再版。我便有了这一想法，并得到中国人民大学出版社的支持。

此次再版，对个别细节作了修订，并在书末辑录近年刊发的5篇文章：3篇论文涉及太平天国史众说纷纭、颇多争论的问题，另有两篇文章论及太平天国史学史。

在该书初版“后记”中，我写道：“不以物喜，不以己悲，活得充实，活得真实，活得坦然——这或许是人生的一种境界，虽不能至，心向往之。”10年已逝，吾心依旧，这何尝不是一件快事。

历史真实与艺术虚构[1]

——谈电视剧《太平天国》

由于驾驭太平天国这一题材本身难度很大，该电视剧能拍到目前这种程度，全体主创人员无疑付出了相当多的心血，实属难能可贵。全剧不乏具有震撼力的场面，有令人回味和深思之处。它的播出会起到一定的积极作用，包括引发人们对太平天国史的关注和思考。

既然是以电视连续剧这种艺术形式来展现太平天国，那么，根据剧情需要进行恰如其分的艺术夸张和虚构，这是必要的，也是大家所能够理解和接受的。不过，作为一部严肃题材的历史剧，尊重最基本的史实，避免出现常识性错误，这应是一个首要前提。本剧在这方面存在着不少错误。以下是理应加以修正或处理的一些细节。

叶赫那拉氏于1852年入宫，封兰贵人；1854年封懿嫔；1856年生皇长子载淳，因受宠而迭获晋封；1861年8月咸丰帝病死热河后，6岁的载淳即位，懿贵妃那拉氏与皇后钮祜禄氏被

---

① 1997年6月，笔者应中央电视台中国电视剧制作中心之邀，参加审读50集长篇电视连续剧《太平天国》剧本，提交五千余字书面意见。2000年3月，又应邀参加国家广播电影电视总局组织的电视剧《太平天国》审查小组。该文系笔者根据逐日看片之记录所整理提交的书面意见，收入本书时改夹注为脚注，标题为新拟。

尊为皇太后，徽号分别为慈禧、慈安，俗称西太后、东太后。而该剧第8集那拉氏首次出场，时为1853年，而屏幕上所打的字幕却是“慈禧”。建议字幕改打“兰贵人（叶赫那拉氏）”。

太平天国宣称首义诸王均是上帝之子（萧朝贵为婿），即耶稣基督为上帝太子，洪秀全、冯云山、杨秀清等人分别为第二、第三、第四子等，彼此以兄弟相称。因此，在书面或口语中，洪秀全通常分别称杨秀清、韦昌辉（韦正）、石达开为“清胞”“正胞”“达胞”，后者称洪秀全为“二兄”，自称“小弟”或“弟”；韦、石称杨秀清为“四兄”，自称“小弟”。本剧第8集杨秀清面称洪秀全为“圣上”[①]，第25集面称其为“天王”，自称“臣”；第12集韦昌辉面称杨秀清为“东王陛下”[②]，自称“臣”，以及第18集傅善祥在东王面前自称“臣妾”，均不合太平天国礼制。

呤唎确有其人，太平天国败亡后，曾撰书讲述太平天国兴亡史和自己投效太平军的传奇经历，有一定的知名度。他是英国人，而该剧第12集在他出场时所打的字幕却作“德国人”。

清初将京师周边大片区域划为“直隶省”，到民国十七年（1928年）始改称“河北省”。该剧第17集、第19集，太平军北伐推进到直隶泊头镇、东连镇时，字幕却为“河北”。

太平天国颁布的《钦定敬避字样》明确规定，“爷”字属避讳字，“唯可崇称天父，不得别用”。该剧第17集，北王亲昵地称燕王为“燕王爷”，不合太平天国礼制。

---

① 太平天国从无“圣上”这一称呼。“上”在太平天国是避讳字，专门用来称天父上帝，故改“上海”为“尚海”。

② “陛下”是群臣对天王的专称，下级称包括东王在内的其他各王为“殿下”。

黄玉昆于1854年3月晋升卫国侯，4月因燕王府牧马人事件得罪东王，被杖责三百，革职为兵，9月复职，改封“卫天侯”。因此，该剧第17集黄玉昆首次出场时，字幕应作“卫国侯”，而不是“卫天侯”；对白也应作类似的修正。

林凤祥于1855年（咸丰乙卯五年）3月7日战败被俘，15日就义。而该剧第19集清军押解林凤祥一幕，囚车上的封条却赫然写作“咸丰辛酉十一年”，即1861年。

按照其特殊的宗教教义，太平天国严禁偶像崇拜，斥一切神像为“死妖”，就连供奉祖先木主也在禁止之列。而第24集、第38集，陈玉成住所和曾晚妹营帐中，却供奉着关公神像，未免过于离奇。

太平天国在天京实行男女隔离制度，分别设有男馆、女馆；另设立典炮衙、油漆衙、绣锦衙等从事军需和日用品供应的各种部门，统称“百工衙”。该剧第29集将“馆”“衙”混淆，进而把“绣锦衙”误作“锦绣馆”。

太平天国的“赞美经”取自基督教的赞美诗，为太平军举行礼拜仪式时所必诵，收入太平天国刊行的《天条书》，末句为“䰟得升天”。上帝教宣称凡信奉上帝者死后魂升天堂，不拜上帝者死后坠入地狱，所以厌恶“鬼”旁，改用“人”旁，“魂”字作“䰟”，以示天上无鬼，是太平天国新造字。而在该剧第31集、第33集、第39集，天王寝室墙壁上的“赞美经”末句却为“魂得升天”，令人不知所云。

阐释太平军编制的《太平军目》一书规定：“两司马管五个伍长，共管二十五人。”而该剧第36集的一段台词却说九江守将林启荣最初仅是“两司马，管 9 个圣兵”；如今已位居“丞相”一说也不确，应为“贞天侯”。

太平军经略江西时，以九江为江西省会。该剧第 36 集末尾，某将请示翼王：“是向九江还是江西进军？”翼王凝眸远方说：“向江西进发。”这是一个常识性错误。

枞阳会议的“枞”字念“cōng”，但第 37 集却念作“zōng”。干王的“干”念“gān”，而第 41 集傅善祥的饰演者将之念成“gàn”。

苗沛霖诱捕陈玉成后，将之押解至位于皖西北的颍州胜保大营。陈玉成旋被解送北京，行至河南延津时被处死。而在该剧第 42 集，陈玉成就义地点为颍州，他与曾晚妹还多次提到“颍州百姓”。

华尔是美国人，其正式头衔为洋枪队领队。而该剧第 42 集在华尔出场时，所打字幕为“洋枪队队长”，不确；华尔还提出洋枪队所招募的华人“应由我们英国军官管辖”，张冠李戴。第 43 集，一名常胜军战俘自称“我是英国常胜军的副队长”云云，“副队长”应作“副领队”，常胜军的前身为洋枪队，其军官虽以英国人居多，但它是清政府的一支雇佣军，始终归江苏巡抚节制，故“英国常胜军”一说有误，建议改为“中英混合军”，或删去“英国”一词。

何伯是英国海军军官，时任英国侵华舰队司令，时人通常称之为“英国海军提督”。该剧第 42 集所打的字幕作“英军司令何伯”，不确。

僧格林沁的“僧”读作“sēng”，而第 46 集慈禧的饰演者却读成“zēng”。

1864 年 7 月 19 日午后，湘军用地雷轰塌天京太平门城墙 20 余丈，蜂拥而入。当晚初更时分（剧中为白天），忠王率残部掩护幼天王从太平门缺口处突围冲出。该剧第 46 集，忠王却喝令部下掩护幼天王从旱西门突围。旱西门今为汉西门，与太平门恰好在相反方向。

明朝最初定都应天（今南京）。明太祖朱元璋死后，他的第四子朱棣（后来的明成祖）发起靖难之役，从建文帝手中夺得皇位，后于永乐十九年正式迁都北京，南京从此成为“留都”。在该剧第 46 集，曾国藩目睹金陵一片废墟，叹曰“从明太祖以南京作陪都起”云云，误。

幼主洪天贵福是洪秀全长子，原名天贵，定都后天王加了一个“福”字，改名“天贵福”；天王死后被拥戴为“幼天王”。而在该剧第 46 集，忠王却称其名为“洪天福贵”。

湘人蒋益澧为左宗棠部将，时任浙江巡抚。“澧”字读作“lǐ”。而在该剧第 47 集中，曾国藩、左宗棠的饰演者均将“澧”字读作“fēng”。

太平军定都南京（改名天京），占据东南半壁，主要活跃于长江中下游地区，因此，前 10 集左右片尾歌中的“黄河水”应改为“长江水”。

以上所列，仅是一些理应修正并且易于操作的细节。全剧史实方面的错误或败笔还有不少，但木已成舟，几乎无法改动。兹略举数例。

一、兵器方面

1997年夏，在应邀审读《太平天国》剧本后所提交的修改意见书中，我曾就兵器问题写道：

> 关于兵器，在金田起义之初，太平军的武器以冷兵器为主，也有少量的旧式火器，如鸟枪、抬枪、抬炮等。占领南京后，太平军开始向洋人购买新式枪炮，但数量有限。直到1860年攻占苏州等地后，才开始较大规模地装备（以忠王李秀成部为主），但仍然是冷热兵器并用。当时的洋枪洋炮主要以滑膛枪、来福枪和开花炮为主；现存史料中关于太平军将领佩戴手枪的记载甚寥，可见即便有人使用，也断然不是普遍现象。清军方面，湘军略逊，淮军较优。然而，该剧的一些情节……描写得过于夸张，使人恍若民国初年。

可能是出于追求艺术效果的考虑，编导仅对剧本稍作修改，仍保留了大量的相关情节，诸如第1集清军用手枪击伤洪宣娇，第9集、第15集苏三娘拔出小手枪以防洪秀全施暴，第17集湘军一律身挎长枪，第19集九江保卫战中的壮观场面，第28集北王手下用洋枪血洗东王府，一时间枪声大作，以及燕王枪杀东王，等等，均明显失真，将中国军事近代化的时间表大大提前了。弓箭是当时交战双方都大量使用的一种兵器，但全剧居然始终没有用弓箭作战的场面出现。

二、服饰制度方面

太平军最初因流动作战，供给困难，所以装束远远谈不上统一，“皆布衣蓝缕，缝数寸黄布于衣襟以为记号，囚首垢面鹑衣百结者比比皆是”[①]。直到定都后建立了手工衙营制度才渐趋一致。而在该剧第5集、第6集，却有太平军服饰整齐划一的大场面。再如，按照定制，太平军军官头裹黄巾，以“尾”之长短区分官职大小；士兵裹红巾，故被民间称为“红巾”或“红头”。而在该剧第3集，太平军士兵却一律头裹黄巾。剧中文武百官的服饰与太平天国朝冠朝服制度不符之处也甚多，高级首领的服装几乎无法辨别，没有反映出太平天国森严的等级制度。此外，太平军女眷向不穿裙，太平天国也严禁民间女子穿裙，史载太平军“初破城（指南京，引者按），即下教，女子去裙男去帽”，但剧中却有不少犯禁的镜头。

三、民俗方面

太平军中的首义女子以客家人和壮、瑶等少数民族为主，都是天足，且大多跣足，故被民间称为“大脚蛮婆”。攻破南京后，太平天国随即下令严禁民女缠足，时人遂有“弓鞋罗袜教抛却”“一日万家缠足放”之叹。但剧中所有的女子均是天足，丝毫没有体现出缠足这一社会风习。

就太平天国阵营来说，两广人与三江两湖之人在体貌特征、生活习俗等方面有着较明显的区别。全剧对这种地域特征的描

① 张德坚：《贼情汇纂》卷六，《太平天国》第3册，第172页。

摹不够细腻。例如，现存史料对洪秀全等人的相貌有具体描述。除洪秀全身材较为高大外，两广人大多长得较为黑瘦，但剧中的男主角基本上都是高大魁梧，且长相雷同，几乎令人难以分辨，人物形象有点脸谱化，特点不够鲜明。

四、官职方面

剧中主要人物的官衔较为混乱。洪宣娇的身份既被定位为西王娘，断然不会出任“丞相”。第 22 集、第 26 集交待李秀成是“地官副丞相”，而在第 28 集，其部将谭绍光居然已是“侯”。李秀成在第 32 集的官爵是“侯”，但到第 35 集却又变成了“丞相”。

五、意识形态方面

由于前四集被压缩成一集[①]，缺少了必要铺垫，全剧与宗教相关的情节或内容，难免会让观众感到有些突兀。太平天国从来不以十字架作为自己的宗教标志，但剧中第 19 集的婚礼背景却有一个十字架。太平天国勒令僧侣道士还俗，“不准衣袈裟黄冠，不许著羽士服”，但在第 39 集，李昭寿居然假扮成道士来到太平军军营劝降薛之元，令人瞠目。类似的一些情节，如第 11 集仪美公主[②]找人算卦、第 16 集在营中烧香乃至后来削发

① 时值揭批“法轮功”，为了避免使人产生不恰当的联想，编导有意淡化其中的宗教色彩，大幅删减了洪秀全等借上帝信仰发动起义的情节——笔者补记。

② 太平天国弃用“公主”称谓。按照《太平礼制》的规定，洪秀全之女称“天金”，按年龄分别称作长天金、二天金、三天金，依次类推。

为尼，以及第 18 集洪秀全以佛教用语称仪美出走为“劫数”，均不合情理。

就表现手法而言，编导比较用心，特意安排了一些细节，如第 2 集借秦日纲之口嘲讽天父、天兄下凡是装神弄鬼，第 4 集萧朝贵本人对天兄下凡产生厌倦情绪，自叹没意思；第 4 集借冯云山临终前提醒天王谨防内讧，为剧情的发展埋下伏笔；第 12 集通过卢维廉、呤唎拜见天王[①]等情节，来体现太平天国学习西方。不过，这一类情节过于平铺直叙，冲淡了历史剧应有的思想内涵和感染力，而相关的历史素材原本十分丰富生动。

六、具体史实方面

金田起义时，陈玉成才 14 岁，但剧中人的长相已是青年。第 9 集称陈玉成 1854 年时已经 20 多岁，事实上，陈玉成 8 年后殉难时年仅 26 岁。李秀成比陈玉成年长 15 岁，而从剧中两人的扮相看，几乎是同龄人。幼主即位时已 16 岁，但剧中人仍是个幼童。

第 25 集，虚构的石达开之女石益阳对来访的美国公使麦莲说：“你的前任公使马沙利先生受过东王的接待。”此事纯属子虚乌有；“你的前任公使”的表述有语病，应作“你的前任”。

血洗东王府事件发生在凌晨，而该剧第 28 集却安排在大白天，而且改偷袭为呐喊着杀将而来。这就失去了原有的那种诡诈、恐怖和血腥气氛，诚为一大败笔。具体情节也不尽合理。洪秀

① 从定都直到病逝，天王仅召见过他的宗教启蒙老师、美国人罗孝全牧师。

全住所的正式称谓是“天朝宫殿”，俗称“天王府”，但天王断不可能如第31集那样，自称其宫殿是“天王府”。

“缒”字作“用绳子拴着人或物从高处往下送”解。剧中第31集，石达开商定“缒城”而逃，但后来却变成联络朱衣点从城门出走，前后不一，也与史实不符。

太平天国从未刊行过删改本《论语》。第39集曾国藩读过洪秀全删改的《论语》一说，纯属虚构。

第41集有段对话，谈到英王部将已封王之人，其一为林大居。实际上，林是京官，非陈玉成手下，时任敬王。

第47集，李秀成称自己被俘后所写的笔供为“自述”。事实上，忠王称其供词为“书供”；“自述”是罗尔纲先生对李秀成供词的称谓，后被学术界沿用。李秀成断无可能“侵犯”今人的知识产权。

太平天国的核心人物基本上是草莽出身，识字无多，文化层次很低，言语比较俚俗；纵然是手创太平天国宗教和典章制度的洪秀全、冯云山等人，也都是屡试不中的落榜童生。但剧中却将杨秀清等人一概塑造成出口成章、满腹经纶的风雅之士，未免过于夸张。

剧中的一些虚构情节，诸如左宗棠私访石达开并赠其字幅，陈玉成会晤曾国藩，曾国藩会审陈玉成，等等，均显得过于荒诞，处理失当。此外，剧中男女感情纠葛方面的戏太滥，相关对白也太多，喧宾夺主；陈玉成抗婚等情节流于俗套，可有可无。另一方面，全剧主要以军事和政治为主线，除天京事变外，其余许多重要内容大多是浮光掠影地一带而过。总的来说，全剧对太平天国史的许多内容着墨不够，有些甚至没有涉猎。该写的内容没有着力去写，不该写的内容却铺叙太多，从而极大淡化了历史剧应有的震撼力、思想性和可观赏性，可谓得不偿失。

七、人物塑造方面

在人物塑造方面，比较而论，剧中男主人公数杨秀清、石达开较为到位；洪秀全的形象不太鲜明丰满；韦昌辉刻画得过于狡诈阴险，正面的东西铺叙不够。在刻画农民领袖的两面性时，全剧主要借助于对白，诸如借杨秀清之口数落洪秀全拥有多少个女人，而不是通过具体的典型情节来烘托。至于洪宣娇、傅善祥、苏三娘等女性角色，均被塑造成忍辱负重、深明大义、富有气节的完人，全剧给人以阴盛阳衰之感，而这根本与史实不符。洪秀全等人三纲五常的观念根深蒂固，自定都以后，妇女便逐渐退出太平天国的政治、军事舞台，不会有如此大的活动空间。此外，洪宣娇是野史人物。傅善祥考中女状元一说也早已被学术界所否定；她本人在失宠于东王后，不久便“不知所终”。

第 47 集片尾的画外音在概述太平天国败亡原因时，将之归纳为“内讧和腐败”，仅仅谈到内因，流于片面。

希望该剧所留下的遗憾，包括主创人员所进行的一些积极探索，能给今后类似重大题材的电视剧创作提供一些有益的启示和借鉴。

关于编《罗尔纲全集》的几点建议[①]

罗老“全集”编竣，为之欣喜不已。按所里要求，写了出版推荐意见书（见附件）。

全集的编辑工作做得很出色。粗略拜读之余，有一些不成熟的想法和建议，谨禀陈如下：

（一）“全集”首重“全”。目前的书稿没有收录《洪秀全》《太平天国的理想国》《太平天国金石录》等小册子，导致“全集”不全。这些书毕竟反映了罗老治学的一个阶段或过程，建议收录。

（二）有些内容互相重叠，这是编“全集”必然遇到的问题。目前的处理方法是妥当的。为更加全面地反映罗老的研究成果，已重新改写的《太平天国史料辨伪集》等书，需在“题记”中注明其版本沿替；已拆散的《困学集》等书，建议在“全集”目录中依旧列其书名，包括该书的目录，加一“题记”注明这些文章另见于“全集”某处。这种变通的做法，可以照顾到“全集”的“全”字，否则同样难以说得上是“全集”。

（三）目前的书稿，个别内容仍有重叠，例如，《我是怎样走上研究太平天国史的路子的》一文收入“治学篇”，但又

---

① 2008年4月16日，接中国社会科学院近代史研究所电话，让我就出版《罗尔纲全集》写推荐意见。次日，送来《罗尔纲全集》部分样稿。本文为笔者4月19日就编辑罗老全集写给罗文起老师的一封信（以推荐意见书作为附件），收入本书时略有删节。标题为新拟。

见于《太平天国史丛考丙集》；“序跋文存”的内容与《太平天国史丛考丙集》也多有重复。建议保持《太平天国史丛考丙集》目录的完整性，同时加一注释，说明正文见“治学篇”（或“序跋文存”）。

（四）既是“全集”，建议略去“题词选”、“书信选”标题中的“选”字。倘若是“选”，也就不成为“全集”，而是“选集”或“选辑”。又，“书信”类辑录了几封他人写给罗老的信，可作为附录，不便与罗老的信件并立，否则体例不一。

（五）“全集”按五大类编排，很妥当，准确反映出罗老研究范围之广和治学特色。但细节上仍可再作斟酌。

从标题讲，似不宜直接以这五大类作为大标题。建议取消“类”字，如“太平天国史类”可改为“太平天国史研究”，“金石类”改为“金石学研究”。这样更加规范，也突出了学术性（也可以略去“研究”二字）。

从排序上讲，建议按太平天国史、兵志、金石、文学、杂著排列。前三部分基本上可划为“史”，且直接或间接与太平天国研究相关。“兵志”，或可改为“晚清军事史”，因论文似乎难以与三本“兵志”并列。

（六）“文学类”、“杂著类”，从标题到内容仍有进一步调整完善的余地。

一是“文学类”这一标题有些宽泛，如《师门五年记》以及3辑文章，不少内容亦文亦史，似不宜单纯划为“文学”；“杂著类”标题同样有点宽泛。

二是有些内容被分开了，如关于胡适先生，以及《水浒传》

版本问题，“文学类”、“杂著类”均有涉及。

建议对这两大部分再进行细化，主要按主题进行划分，标题可列为——《水浒传》研究，忆胡适及其他师友（《师门五年记》等所有涉及胡适先生的文字，以及回忆马君武、梅竹公等人的文章），论治学及考据，史籍及史实考订，读史札记（即“读书录”），诗歌，杂文（所有不便划归以上主题的文章），序跋，题词，书信。每一主题下的著述，均按写作或刊布时间排序。

如此划分，“全集”不再是五大类，而是十余类。标题更加准确明了，内容更加集中紧凑，避免了主题宽泛、内容被切割的缺陷。

以上只是我粗读后的一些不成熟的思考，仅供您参考。主观目的是希望罗老“全集”在现有已编得很好的基础上，能够编得更加完善，故没有顾忌地把自己的想法和盘托出，想必您能够理解。不当、不妥之处，敬请海涵。

[附]

《罗尔纲全集》出版推荐意见书

罗老（1901—1997）学识渊博，著作等身，上世纪50年代即被评为一级研究员，是享誉海内外的学术大师，我院历史上屈指可数的标志性学者之一。李铁映曾为南京“罗尔纲史学馆”题词，对罗老赞颂有加；胡绳曾撰文谈到上世纪40年代读罗老著作的感想，对其学术成就及治学精神表示“敬佩”。总之，罗老完全具备出“全集”的资格。

《罗尔纲全集》书稿内容全面，编排合理，具有非同寻常的学术价值和史料价值。我认为，整理、出版《罗尔纲全集》是一件具有里程碑意义的工作，主要体现在以下几个方面：

（一）罗老著述宏富，其写作年代前后跨越70年，其中不少论著现已不易寻觅，另有约一百万字著述迄未刊布。出版《罗尔纲全集》，可以弥补这一缺憾。

罗老涉猎范围广，治学精湛。《全集》计包括五类著述，完整地展示了罗老的研究成果。太平天国研究是一门世界性学问，曾被冠以“太学”。罗老是该学科的开拓者之一，海内外公认的一代宗师，成就卓著。其中，154万字的《太平天国史》是新中国太平天国研究的一个总结性成果，并在著书体例上有重大创新，获“首届郭沫若中国历史学奖”一等奖；《李秀成自述原稿注》是罗老呕心沥血之作，注文是原文四倍多，令人叹为观止；《太平天国史论文集》10册，是研治太平天国史必读的入门参考书。此外，罗老对晚清兵制史、金石学、《水浒传》版本研究等，也多有创见和开拓之功。总之，《全集》具有不可替代的重大学术价值。

值得一提的是，研究罗老的学术成就、治学特点等，本身可作为一篇史学博士论文的选题，而《全集》为此提供了翔实全面的第一手资料。

（二）罗老是与20世纪同龄的大学者，读过私塾、新式学校，后师从胡适先生习考据学；新中国成立后经历“思想改造”，系统接受了唯物史观。《全集》从不同角度反映了罗老的治学经历和心路历程（包括辑录他在不同时代与师友、晚生等的通信274件），进而从一个侧面折射了20世纪史学史、学术史的发展轨迹，具有不可替代的重大史料价值。

（三）作为当代考据学大师，罗老秉持“打破砂锅璺（问）到底”的严苛精神，首重辨伪、考信，注重原创性研究。他注释李秀成“自述”，数易版本，从青春一直注到白头，便是一个生动例证。“高山仰止，景行行止”，在现今浮躁、浮夸之风大行其道的情形下，罗老的这种治学态度显得弥足珍贵，可以给我们提供有益的启示和借鉴。这是出版《全集》的又一意义。

（四）罗老在治学、为人方面均堪称楷模，毕生潜心治学，淡泊名利，享有“布衣学者”之美誉；平素待人宽厚，悉心奖掖后学，且虚怀若谷，提倡并践行百家争鸣的好风气，人称“道德文章第一流”。他曾寄语后学说：“‘后来居上’，是学术进步的一条规律。……年青的读者们，你们都是我的老师。我望你们记取‘后来居上’的规律，去读我的书，改正我的错误，鉴戒我的经验教训。”读来令人动容，确乎文如其人。《全集》从不同侧面凸显了罗老做人、做事、做学问的可贵之处，是留给后世的一笔宝贵精神财富。这是出版《全集》的又一特殊意义。

如今市肆上新书数不胜数，但有相当一部分不堪卒读。而罗老的著述多为传世之作，其意义已见前述。出版《罗尔纲全集》，可告慰罗老于九泉，可为我院学术文库添一经典，更可使罗老的学术与人文精神薪火相传。我想，这是大家都乐观其成的。

关于《通纪·第六卷》一审修改稿的反馈意见①

接本卷一审修改稿电子版和打印稿后，遵嘱据此对书稿进行修改。现将具体修改情况汇报如下。

一、总体修改情况

通读书稿，再作思考，参酌一审稿所提修改意见，主要作了如下修订：

（一）将第一章“咸丰初年的统治危机”第一节“咸丰帝初政”中“镇压民变”、“应对灾变”两目的顺序作了对调。灾变是引发民变的缘由之一，将民变放在后面讲，与随后金田起义相衔接，在逻辑上更顺。其余结构未作变动。

（二）个别标题作了改动。第二章第一节第一目仍改为“僧格林沁击败北伐太平军”。今年6月8日，接转来的外审（二审）专家鉴定意见，对书稿表示肯定，同时提出八条修改意见，其中指出太平军北伐失败主要是自身战略、战术失败所致。我在原稿中也对此作了铺叙，但采用现标题与这层意思并不冲突。我的思考，采用现标题，与该节第二目“湘军与西征太平军的

① 2012年3月中旬，笔者收到国家清史编纂委员会通纪组发来的《通纪·第六卷》一审修改稿，据此进行书稿修改。同年8月6日，笔者将《通纪·第六卷》第二稿电子版发给通纪组。本文为写给通纪组的反馈意见书，收入本书时略有删改。

争夺”、第三目“江北、江南大营的溃败”，在逻辑关系上相契合，都是以清军为主体进行论述，而第二节标题则是以太平军为叙述主体。倘若标题改为“太平军之北伐及其失败”，在逻辑关系上不太顺，太平天国军事史的色彩较浓。

再如，第四章第四节标题改为“沙俄侵占中国东北、西北边疆”，加了“中国”二字，文义更确切。

（三）正文及注释作了相应改动。其中，第三章第二节（上帝信仰在民间的传播）部分内容重新改写，使逻辑更顺、内容更紧凑完整，而篇幅没有大的变化。

（四）重新逐一查核引文及注释篇名、页码，订正了相关错讹。

修改后，全卷篇幅比初稿减少 2 万字，约为 37.4 万字。总体上讲，减少了错讹，提高了质量。

二、关于审改意见之采纳情况

十分感谢戴逸老师和其他学者审读拙稿并提出修改意见。这些意见，对我再作思考和修改，弥补不逮，是有帮助和指导意义的。本着集思广益、择善而从的原则，但凡有益的意见，自然加以采纳。戴逸老师指出与儒学划清界限，也是太平天国勃兴的原因。这一意见很有见地，我据此增写了一段文字。

原稿个别讹误之处，蒙审稿时修正，如颍上排版时误作“颖上”，青弋江误作“青戈江”，焦祐瀛误作“焦祜瀛”。

综观审读意见，主要集中在对具体表述的增删上。兹分述之。

（一）原稿写作时，对内容取舍与前后呼应、篇幅安排等

再三斟酌。一审修改稿数处加了大段文字，由此带来三个问题：

1、审改者没有在通读后再修改，且没有对上下文作相应改动，导致增写的内容与下文多有重叠。

2、所加段落多为议论性文字。鄙以为，《通纪》毕竟不同于论文，关键处说上一两句即可（具体史实本已说明问题），留给读者思考的空间，似不宜作较长议论或总结性表述，以免叙述不全面不完整。如第一章增写了太平军得以胜利进军、定都天京的原因，谈了四点（有些内容与下文重叠）。但有没有别的因素呢？说上六点、七点行不行？外审专家共提了八条书面修改意见，其一便就此提出质疑。

3、个别相关评述，可能易引起争议。议论性文字越多，越容易引起争议。如戴逸老师在最初召集通纪组开会时所说，评述应结合史实，要有说服力，避免空泛。《天朝田亩制度》的思想史意义，原稿已作肯定。一审修改稿加了大段文字，说该文献的思想“激发和动员了广大农民的反封建热情”，在动员和组织农民起义队伍上“起到了无与伦比的重大作用”，“他（应为“它”）是这场伟大的农民革命运动的一个纲领性文件”（“文件”似改用“文献”为宜）。事实上，该文献印数不多、流传有限。太平天国早期刊印的书籍，清方多有俘获，不少书“皆成捆束”，唯独不见此书，以致《贼情汇纂》怀疑太平天国尚未刻印此书；在现存史料中，检索不到太平天国内部和清方评述该书内容的任何文字，况且太平军大多不识字，说该书“起到了无与伦比的重大作用”，似缺乏依据。此外，太平天国能否被视为“农民革命运动”，学界颇有争议；目前中央文献的表述为“太平天国农民运动”或“太平天国运动”。

（二）关于纪年、地名

1. 关于纪年

按照 2009 年 11 月通纪组编印的《〈清史·通纪〉审改工作手册》，首次出现年号时，括注公元纪年。但原稿中的所有括注，均被审改者删除。

太平天国天历如何稳妥处理，是个大问题。《手册》规定，记述清初与南明相关史事时，括注南明弘光等纪年及公元纪年。鄙以为，本卷对天历也应照此处理。清史毕竟不等同于清王朝史，作为与清政府对峙的政权，在叙述史事时采用或括注太平天国天历是合宜的，尤其是以“太平天国的统治”为题的第三章。这是尊重历史应有的体现。再者，天历某年十月下旬，倘若直接改为咸丰某年十月下旬，在时间上可能会出错。

一审修改稿将原稿中的天历，一律改用清年号纪年（有个别地方漏改），但改得较粗率。一是前后不一致。通常前文将天历干支纪年改为清年号纪年，但下文天历月日却未改。二是换算有误。由于天历干支纪日误算一天，即比旧历提前一天，加上废止置闰，天历、旧历虽同一个日期，但实际日期却相差甚多。罗尔纲先生著有《天历考及天历与阴阳历日对照表》，纠正了郑鹤声先生《近世中西史日对照表》的换算错误。审改者依据郑书来换算日期，自然出错。修改稿上述两类错误，达数十处之多。

至于将太平天国书籍中的“天酉年”径改为“道光十七年”（一审修改稿第 13 页），将天王诏旨中的“新开元年”改为“咸丰（新开）元年”（第182页），将洪仁玕自述中的“庚申十年至辛酉十一年间”径改为“咸丰（庚申）十年至咸丰（辛酉）十一年间”（第279页），实在令人诧异。第296页甚至出现“太平天国咸丰四年”的表述。第244页，将原稿“甲寅四年八月二十四日”改为“咸丰（甲寅）四年八月二十四日”；第312页将辛酉十一年改为咸丰十一年，但原稿下文的二月二十二日未改，却加了括注“（天历二十日）”，殊不可解。

2. 关于地名

《手册》就如何对历史地名加注，作了具体规定。原稿照此处理，而一审修改稿将之全部删除。

另一个问题是，个别地名，如喀什噶尔、宁古塔，上面各卷可能已经加注。《通纪》是个整体，应避免对历史地名重复加注的现象。对整个《通纪》进行统稿，似应着重解决此类问题。

（三）一审修改稿所作的个别删改和添加文字，系单纯以某书为依据，甚或想当然或望文生义，导致出现硬伤。

例如，第302页，说王韬化名黄畹上书李秀成。据罗尔纲先生考订，上书对象并非李秀成，实为总理苏福省民务的逢天义刘肇钧。

第332页，讲述柏贵等“汉奸们”在广州如何迎合侵略者。柏贵为蒙古人，汉奸一说不确。

第389页，第五章首句改为“第二次鸦片战争结束后英法联军从北京退兵”，顺序倒置了，应是签订和约、英法退兵，标志着战争结束。

第400页，在八月初七奕䜣自热河返京开始酝酿政变之后，加了句“未几……董元醇上了一道奏折”，而董氏上奏折是在八月初六。

第409页，俄使伊格纳切夫，在新加句中写作“伊格那提耶”，与上文不统一，似乎成了两个人。

第420页，原文为“陈玉成……另分兵北上，相继攻麻城，克孝感、云梦、德安、随州，黄安、黄陂，旋占旋失”，被改写成“陈玉成……另分兵北上，相继攻麻城，克孝感、云梦、德安、随州、黄安、黄陂等地，但均旋占旋失”，导致文义大变，与史实不符，与下文清军收复云梦等地的表述相矛盾。

第424页，新加一句，将安庆太平军守将叶芸来写作“叶芸莱”，吴定彩作“吴定采”，与上文名字不统一。

第427页，将刘肇钧写作“刘肇均”。

个别文字欠斟酌。如第1页正文第二节开头加了一句——“道光帝死后，留下来一个烂摊子，可谓‘外强要盟，内孽竞作’。”但引文未注明出处，“内孽”显系对造反者的诬称，如此引用不合适。

个别添加的文字有错别字，如第178页，将“尚不足忧”写成“上不足忧”；第198页“胡曾之间”写成“胡曾之问”。这可能与排版者疏于校对有关。

（四）有些改动没有实际意义，可改可不改。

例如，第84页改“非朝夕之功”为“非一蹴而就”，第172页改“不知晓”为“不知道”，第287页改“此刻无所作为”为“此刻一筹莫展”。

（五）擅改原稿引文

按规定，对引文的改动应在括号中标注。但修改稿没有如此处理，而是直接改动。例如，第 13 页，“因想起天酉年升天”改为“因想起道光十七年升天”；第 25 页，“认实天父天兄”改为“认识天父天兄”；第 115 页，“秦日昌”改为“秦日纲”；第 179 页，引文删除“但凭……”句，但未加省略号；第 182 页，天王诏旨“新开元年传永远”改为“咸丰（新开）元年传永远”。如此改动，颇出意表。

（六）从一审修改稿可以看出，原稿经过了多人修改，而修改者的意见本身并不一致。

外审专家书面修改意见共八条，其中第二条针对正文“上帝教”“拜上帝会”并用而提出；第三条意见认为谈太平军初期军事致胜的原因不全面；第八条谈历史纪年问题。上述内容或问题，原稿没有，是最初改稿者增写或删改后出现的，实际上是后来改稿者对最初改稿者提出的意见。

由于多人修改，而彼此的意见并不统一，最终又没有进行系统的统稿，导致一审修改稿凡修改处，上下文内容有重复（如第 332 页），表述不连贯，文字风格不一致，某些新加的表述较冗杂。

一些细节也出现问题，按规定，注释中首次征引某书，须加注出版社及出版时间；再次征引时则略去。正文括注年号、地名，也如此处理。但删改后的书稿没有注意这一细节。再如，改稿者增写的文字中有引文，但不注明出处。对原稿数处引文加以缩写或改写，但归纳欠准确，句读有误；第 263 页改写的正文甚至张冠李戴，将柯悟迟误作《平贼纪略》的作者。或者仅有引文、不加注释；改写的注释也欠规范。

（七）关于成段引文的处理

《手册》规定，成段引文时，上下各空一行、引文用楷体字。原稿有几处照此处理，但一审修改稿全部将之改写。鄙以为，原稿中的几处成段引文均包含重要信息，照原来格式处理，既美观醒目，又便于引发读者思考。

（八）关于某些细节

原稿有些细节描写（如第三章第一节关于上帝信仰在民间传播的情形），但一审修改稿基本将之删除。笔者认为，通纪应避免传统教科书的写法，变成时间、地点、人物的堆砌或罗列，缺乏个案或实例，读来枯燥乏味。而细节较能说明问题，比较生动传神，有可读性，可以丰富历史画面，可考虑保留。

个别涉及太平天国的负面细节（如太平军中的鸡奸现象），审改者将之删除了。戴逸老师曾经强调，写太平天国，不必为尊者讳。我深表赞同。凡涉及对太平天国和清方的评价问题，原稿再三思量，力求客观可信。此类细节有助于说明问题，非无关紧要，不必回避，似可保留。

基于以上思考和斟酌，我对一审修改稿再作修订，对相关问题逐一作了处理（实际上大多是改回原稿）。审改者没有发现而原稿依然存在的问题，也一一予以订正或修改，诸如引文中的衍脱字，具体细节的错讹（如濮院镇属秀水县，非桐乡县）。

（九）关于外审专家所提意见

书稿外审专家共提出八条书面修改意见，可归纳为四个问题（其中涉及的有些内容或细节，是修改者新加的）：

一是文字润色，已作处理。

二是关于章、节、目的修改建议，已酌情采纳，如第一章开头补写了一段关于道光朝末年社会危机的文字，第一章第三节标题增加“各地”两字，改为“此起彼伏的各地反清起事”。

三是关于书稿内容的建议。如认为书稿关于“借师助剿”的论述，“好像显得不够”。事实上，他所提的三方面内容，原稿都写到了（可逐一检索）。一来撰写通纪只能穿插叙述，前后呼应，无法也不能写成专题论文。二来篇幅有限，须照顾到主线和核心内容，有所取舍，无法写得很详细。什么内容重要、写多少篇幅，难免见仁见智。本人对此再三思索，自认为总体上勉强还算妥当。学者对自己熟悉的研究专题提出建议，只能通盘酌情采纳，否则这一卷内容远非目前篇幅所能容纳。

再如，外审专家认为关于《李秀成供》，可多加一些评述。本人数年前曾写有万余字论文，但放在本卷，恐怕只能照目前的样子写。“忠王不忠”话题，似以留给读者思索为宜，本卷不必下定论；无论何种评判，都会引发不同意见。

四是关于第五章增写一节“既挽救了危机，又埋下了灭亡的种子”的建议。该标题似不合正史要求。至于具体内容，原稿第二章第三节已述及，且不可能一直讲到洋务运动、武昌起义。戴逸老师批示“不必再加一节”，甚是。

三、几点说明及建议

（一）通纪组要求在打印稿上修改，这使改稿颇为不便，也加大了工作量。其实，相关改动，在电子版上可以显示得很清楚。数月来，大量时间花在了裁剪上——把改动处打印出来，再剪贴到书稿上。

如此改稿，也加大了电脑排版出错的概率。一审修改稿录入时，便有本该避免的错讹，如第123页，将原文“著杨霈为湖北巡抚”改为“而以杨霈为湖北巡抚”，录入者将“而以”输录成“西以”。全书注释，排版后的体例也不统一。

为避免排版时出错，我根据对文本的修改，整理出了修改稿的完整电子版。虽说自己辛苦点，但心里踏实，也便于加快进度。为更有把握，建议通纪组对电子版与文本修改稿进行校对。

需要说明的是，书稿中个别冷僻字，电子版无法显示，空白处须参照文本造字。

（二）从提交本卷初稿，到收到一审修改稿，前后长达14个月，令人不解。当初每到年底，按合同索稿甚急，使人颇为狼狈和困窘。倘能多匀些时间给我们，使写作更从容些，原本对提高初稿质量大有裨益。

本人粗涉太平天国史有年，但对本卷不少内容仍感到陌生，自忖素无研究（尤其是清方活动、第二次鸦片战争、边远地区反清起事，而这些内容，审改者也甚少改动），只能恶补。初稿是提交专家来审改的，既是专家，自然应对本卷涉及的内容有研究、造诣深。审稿、改稿需要责任心，更需要智慧和学识。因此，确定合适的审稿专家人选很重要。否则，难免会影响进度和质量。我期盼、欢迎有见地、有价值有帮助的修改意见，但结果总体上与期望值有距离；有些改动近乎胡改。

再就是，收到一审修改稿不足三个月，又收到外审专家的二审鉴定意见，而我在一审稿基础上的修订尚未完成。工作衔接，反映了组织、管理方面的情况。这方面似可做得更好些。

自承担第六卷写作任务以来，如坐针毡，精神负担很重。王庆成老师回国时，我谈了这一心境，说按要求须能够代表国家水平。王老师笑着反问我："那你说怎样才算是国家水平？"老师是善意，试图卸去我的精神压力。但持续时间之长、投入精力之大，还是出乎我的意外。数年来，本职工作十分繁重，清史写作又须认真对待，个中甘苦难以言喻。虽说主观上尽心尽力了，但限于学识和水平，错讹及缺陷在所难免。我会按要求善始善终，但从内心讲，甚盼能早日从中解脱出来。

太平天国史研究的三大变化①

太平天国是个老题目，已研究近一个世纪，但十分重要，可以说仍具有前沿性。研究中国近代史，太平天国是绕不开的课题。许多重大事件，其起源都要追溯到太平天国。美国哈佛大学孔飞力教授提出了与其老师费正清教授不同的观点，认为太平天国的兴起导致中央皇权萎缩、地方绅权扩张，中国传统的社会结构发生急剧变化，因此，中国近代史的开端不是鸦片战争这一外部事件，而是太平天国。由此可以看出研究这段历史的重要性。

今年是新中国成立 70 周年。70 年来，史学研究走过弯路，但总体上是在蓬勃发展，为推动当代中国的发展进步发挥了积极作用。尤其是改革开放以来，夏商周断代工程、国家清史纂修工程相继实施，成为史学研究繁荣发展的标志性事件。这么大的文化工程，在旧中国是无法想象的。

若以改革开放为分界线，新中国太平天国研究在前后主要有三大变化。这些变化从一个侧面反映了 70 年来中国史学发展演进的脉络，以及社会思潮的变化和特点。

---

① 2019 年 6 月 6 日，中国人民大学 2019 年度博士生“史学前沿”系列讲座第 15 讲，笔者应邀作题为《太平天国史研究的三大变化》的报告。本文据提纲改写，内容有所取舍。

（一）摆脱“左”的束缚和影响，公式化、教条化、脸谱化研究得到纠正，唯物史观指导下的学术研究走上正轨。

太平天国研究真正获得生机、实现转折是在新中国成立之后。唯物史观成为指导思想，澄清了若干重大理论问题，为研究树立了正确导向，加上太平天国研究受到空前重视，成为研究热点，因而出现繁盛景象。但也存在偏差，主要表现为在理解和运用唯物史观时存在简单化、教条化偏向，一味美化太平天国。以 1964 年批判李秀成为起点，极左思潮泛滥给研究造成极大混乱和危害，突出体现在三个方面：一是将学术问题与政治问题画等号，二是影射史学泛滥成灾，三是给历史人物贴政治标签成为人物研究风行的模式。千篇一律的文章充斥各报刊杂志，表面繁荣的背后是历史研究真正的窒息。

改革开放给太平天国研究注入强劲动力和无限活力，带来显著变化。以中外学术交流为例，1949 年后，我们与西方学界的交流基本处于隔绝状态。1979 年 5 月，太平天国史学术讨论会在南京召开，有多位西方学者参加，是新中国成立后首次在国内举行的人文社会科学方面的国际性学术会议。这种学术交流对双方都是有益的，促进了学术发展。就国内而论，对社会科学理论的借鉴，研究视野的拓展，新研究领域的开拓，以及新史料的大量发现和整理出版，都与这种交流、对话有关。

而最重大的变化，是消除“左”的影响，纠正过去公式化、教条化、脸谱化研究的偏向。早先对太平天国的评价不是一边倒，而是持两点论。例如，孙中山先生以“洪秀全第二”自励，同时批评洪秀全等人“知有民族而不知有民权，知有君主而不知有民主”。毛泽东主席也是从正反两方面来反思这段历史的——《论人民民主专政》一文列举了在中国共产党出世之前向西方寻找真理的先进的中国人，把洪秀全列在第一位；延安整风时期倡言总结太平军经验，避免“小胜即骄傲，大胜更骄傲”的毛病。1949 年以后，赞美太平天国的调门越来越高。范文澜先生是近代史研究所的创始所长，在推动中国近代史学科建设上成就卓著，但对太平天国有溢美之词，如认为洪秀全早期宗教诗文奠定了太平天国革命的理论基础，太平天国革命“是中国历史上第一次提出政治、经济、民族、男女四大平等的革命运动”。这一主流观点在 1979 年南京会议上受到学者质疑，对学界纠正美化太平天国的偏向、进一步解放思想起了推动作用。以改革开放为转折点，学界努力纠偏，在对唯物史观的认识和运用上都前进了一大步。以前无形的研究禁区也被打破，如关于太平天国宗教问题的研究。总之，进入新时期，多数学者都能够本着实事求是的科学态度，力求客观公正地研究这段历史，包括对太平天国的消极面、阴暗面进行剖析，从而大大地丰富和深化了我们对历史的认识。

新中国成立 70 年来，太平天国研究走过弯路、遭遇曲折，但总体上是在探索中前进。尤其是改革开放，使太平天国研究开辟新天地，打开新局面，跃上新高度。讲 70 年史学发展变化，这是主流，成绩是第一位的。

（二）历史虚无主义思潮兴起，全盘否定洪秀全和太平天国。

刚才说了，过去，受“左”的影响，我们在历史研究中说了不少过头话，对正面人物一味讴歌美化，对反面人物大肆口诛笔伐。改革开放后，这种偏向得到纠正。但有人无视这一事实，以“还原历史真相”的名义大搞“翻案”，把洪秀全和太平天国妖魔化，一味美化曾国藩，走向另一个极端，明显矫枉过正。

例如，冯友兰先生在接受采访时，将重新评价太平天国作为《中国哲学史新编》的新观点加以介绍。他认为，农民建立的政权就是封建政权，太平天国宗教即西方基督教，两者合一便是神权政治；太平天国搞神权政治，是一种历史的反动和倒退，所以搞了十几年只是“一个笑话”；而曾国藩镇压太平天国的战争建立在人权之上，因而是进步的，避免了中国历史倒退到神权政治的黑暗时期。这些从历史表象所作的解读并不能成立，同样过于简单化。

再如，南方某中文系教授出了本散文集《太平杂说》，斥责洪秀全因科场失意而蓄意造反，是“野心家”“邪教主”“暴君”“淫棍”“有轻度精神病的准皇帝”；痛斥太平天国是“‘洪’水滔天，鬼魅横行，蛇鼠袭人，万家墨面，文化荡然”；认为“将洪秀全这个暴君和邪教主送进坟墓，给太平军造反画上句号，从根本上说，是曾国藩对中国的重大贡献”。照此说法，岂不成了造反有罪，官府剥削压迫有理？历史上流行于下层社会的民间宗教也是宗教，采用秘密结社形式，在教义、社会功能上瑕瑜互见，因被官府视为威胁统治的异己力量和异端邪说，故被贬斥为“邪教”。奉曾国藩之意编纂的《贼情汇纂》便指斥太平天国宗教是“邪教”，声称“从来叛逆多借邪教倡乱，而粤匪为尤甚也”。中国历史上的旧式农民起义几乎无一不以宗教形式起事。倘若照此定性，中国历代农民起义就都被否定了，那中国历史还怎么写？我们总不能与残民以逞的封建专制统治者坐在一条板凳上吧？《太平杂说》作者还说："150年来，南京的大劫难有三次，第一次是洪秀全定'都'于此，第二次是日本侵略军的占领和大屠杀，第三次是'史无前例'的'文革'。这三者之间，可以看出它们或潜或隐的历史联系。"这三件事毫无逻辑关联和因果关系，我实在看不出"它们或潜或隐的历史联系"。

再比如，美籍华人学者唐德刚在《晚清七十年》(第2册为《太平天国》)中持类似态度，其章节标题为"玉石俱焚的周期性内乱"，"洪天王乡里的开国昏君"，"'四不像'的洪杨割据"等，生拉硬扯，随意比附，近乎野史小说的笔法。

出现上述现象绝非偶然，与改革开放以来历史虚无主义思潮的兴起有直接关联。社会上否定、指斥太平天国的声音越来越多。个别研究太平天国的专业学者也跟风表态过。有人打着解放思想的幌子，似乎越和官方唱反调，越是特立独行，就越能代表独立思想、学术自由，即便满嘴跑火车也不在乎。你还不能说他、"批"他，你说了、"批"了，他反而名气更大。这真是咄咄怪事！也有人以公共知识分子相标榜，以与党和政府保持距离、远离意识形态来显示"清高"。太平天国史研究争议之大，关于太平天国和洪秀全的评价众说纷纭、大起大落，这在中国近代史学科中绝无仅有。

说到底，反帝反封建是中国近代史的主线，这是无可置疑的。坚持唯物史观，坚持马克思主义的立场、观点、方法，其根本是要站在人民的立场来研究历史。评价历史人物，主要看他的所作所为是否顺应反帝反封建这条历史主线，是否有利于实现祖国统一、民族独立、人民解放。这是大是大非问题。历史虚无主义思潮传播错误的历史观，颠覆历史、否定现实，同时严重扭曲价值观，严重败坏了学风。

（三）太平天国研究由盛转衰，寥落之势无可挽回。

以太平天国为主体的中国农民战争史研究曾被誉为国内史学界的“五朵金花”之一。太平天国一度与法国大革命、美国内战并列，成为欧美国家历史专业博士论文的三个热门选题。就中国近代史各分支研究在西方受重视程度而论，这可以说是空前绝后。太平天国研究成为一门世界性学问——当年就连联邦德国（西德）驻华大使魏克特博士也参加相关学术会议，还写过论文。国内学者甚至一度将之称为“太学”，等同于将《红楼梦》研究称为“红学”。经几代学者共同努力，太平天国研究在上世纪 90 年代初达到鼎盛，有一大批总结性成果问世，包括两部百余万字的大型通史，即罗尔纲 3 卷本《太平天国史》、茅家琦主编《太平天国通史》（全 3 册）。

太平天国研究在繁盛兴旺的同时，也在不知不觉中趋于冷落。尤其是进入 21 世纪后，相关学术活动渐归沉寂。如今坚持做太平天国研究的学者已是凤毛麟角，研究队伍青黄不接，研究成果数量急剧萎缩，高质量、有新意的研究论著难得一见。海外趋冷时间更早一些。现在召开学术会议，通常仅有菊池秀明教授等几位日本学者参加。美国学者近些年推出了新书：裴士锋（Stephen R. Platt）的《天国之秋》，梅尔清（Tobie Meyer-Fong）的《浩劫之后：太平天国战争与 19 世纪中国》。两人都是史景迁教授的学生，国内已有这两本书的中译本。但美国学者与国内学界的交流、对话弱了许多，不及日本学者。

研究趋于冷清，遭遇瓶颈，其原因主要有二。一是研究难度加大。该研究持续近一个世纪，是块熟地，惟有“精耕细作”才会有较理想的收获。对初学者而言，这意味着首先必须阅读、消化数千万字的史料和主要研究论著，这不免让人望而却步。二是学者研究兴趣的转移。不同年代的研究选题，深受当时社会大背景的影响。例如，上世纪50年代，农民战争史、帝国主义侵华史等是研究热点；十年“文化大革命”时期，表彰“气节”、鞭挞“叛徒”以及“评法批儒”等成为热门话题；进入改革开放新时期，文化史、社会史、近代化历程、民国史研究等受到更多关注。学者纷纷转移研究方向，加剧了队伍萎缩。

从起初一哄而上，到目前门庭冷落，反差太大，但不必感到沮丧。在我看来，太平天国研究绝无可能恢复往日的繁盛景象，也没有这个必要。太平天国研究的重要性不会因为研究队伍缩小而有丝毫削弱。将研究推向前进，不必依靠大兵团作战、搞人海战术，一支精干的小分队足矣。

回顾太平天国史学史，可以发现另一种反差很大、值得深思的现象：过去比较重视历史理论研究，实证性研究相对薄弱；现在实证研究、个案研究加强，历史理论研究明显滞后。

历史理论研究侧重从宏观层面对历史现象、历史进程进行解析，涉及历史发展规律、社会性质、社会结构等宏大问题。上世纪五六十年代，史学界很重视这一类研究，最具代表性的如中国古代史分期问题、中国封建土地所有制形式问题、中国封建社会农民战争问题、中国资本主义萌芽问题、汉民族形成问题，被喻为史学研究的“五朵金花”。具体到太平天国研究领域，当时围绕太平天国革命性质问题引发一场广泛而热烈的讨论，涉及太平天国时期中国社会经济状况和阶级关系，太平天国革命的任务、动力和对象，《天朝田亩制度》的实质，对《资政新篇》的评价，相关政策和对外关系等，客观上将研究引向了深入。改革开放之初，讨论聚焦太平天国政权性质，包括太平天国能否称得上“革命”这一新话题，但很快就告沉寂，对研究的推动作用不明显。其症结在于拘泥概念之争，实证性研究未能跟进，显得空泛。后来大为改观，但又走上另一个极端：个案研究、细节考订灿然可观，但缺乏宏观的理论思考，小处着手与大处着眼结合得不好，研究呈现“碎片化”；甚至专注细枝末节研究，研究题目小，研究范围窄，死守自己的一亩三分地，跳出这个范围就张口结舌、茫然莫知置对。

从世界范围讲，中国始终是太平天国史的研究中心，这种学术地位即便在研究寥落的今天也无法撼动。西方学者的研究成果值得重视，但不值得追捧。刚才谈到美国学者写了两本新书，延续了美国学界重视太平天国研究的传统。至于这两本书的学术创新之处，要作具体分析，不能盲信盲从。裴士锋的《天国之秋》在美国本土大获好评，连大名鼎鼎的基辛格博士也大加赞誉，说此书“是由第一流历史学家和杰出作家完成的引人入胜之作”。我认为，该书以全球化视野来解读这场中国内战，在向美国读者讲述中国历史上确实很成功，很会讲故事，懂得如何吸引美国读者——着力渲染战争之惨烈，强调其最后几年恰逢美国上演南北内战，而中国内战死亡人数是美国内战的 30 倍之多。但就具体研究而论，该书总体上乏善可陈。梅尔清《浩劫之后》一书专写战争造成的灾难，对百姓的影响，在史事发微上有独到之处。不过，这方面的资料俯拾即是，中国学者已多有论及。用抽象的人性或人道，很难廓清历史真相、厘清战争责任，至少在太平天国后期，在江南烧杀抢掠的还包括投效清政府的外国雇佣军，如臭名昭著的美国浪人华尔（F.T.Ward）、白齐文（H.A.Burgevine）。

这同样说明了加强历史理论研究的重要性。个案研究、实证研究本身值得提倡和坚持，但要避免“碎片化”，不能就事论事。社会史研究仍有待深入，但不能忽视政治史研究。在我看来，太平天国史研究远未穷尽，几乎所有问题都值得继续研究，尤其需要加强历史理论研究，加强政治史研究，这两者实际上是合而为一的。

从事晚清史或中国近代史研究，要重视打好基本功，包括马克思主义理论功底、乾嘉学派考据功底。要学习罗尔纲等前辈学者，追求做人做事做学问的统一。

释“打铜鼓”

太平军主要由底层民众构成，包括天地会之类的民间秘密结社成员。这些人给太平军带来一些特质，沿用过去的隐语便是一例。所谓隐语，即黑话、暗语，在特定人群中流行、不便明说的话。譬如，在太平军中，“云中雪”指刀、剑，“红粉”指火药，“潮水”指酒，“三更”指开小差。某些隐语涉及性关系，如“打铜鼓”。

马寿龄是安徽当涂人，太平军攻克南京后，在城中羁留年余，对太平军及城外江南大营清军的情形多有记述。其《金陵癸甲新乐府》“狎娈童”一诗有云：

> 人心不同各如面，水炮不如铜鼓便。
> 招邀游荡两雄俱，玉貌朱唇大线辫。
> 噫嘻！老兄弟带娃崽，甘言诱之娃崽悔。
> 少年莫逞好颜色，城外兵如城里贼。

隐语“打水炮”又作“打水泡”，指奸淫妇女；“打铜鼓”即“打童股”谐音，指鸡奸。作者称太平军为“贼”，反映了其政治立场；“城外兵如城里贼”句，说明作者无意为清军遮掩，态度比较客观。从该诗可知，城外清军与城内太平军都存在鸡奸现象，被鸡奸对象为“娈童”，即眉清目秀之男童。依据世人灵魂均来自上帝、彼此同为上帝子女的教义，洪秀全宣称“天下多男人，尽是兄弟之辈；天下多女子，尽是姐妹之群”，故太平军中男性无论长幼，均以兄弟相称，“老兄弟”即老资历，多指参加首义、担任官职的两广人。这些人享有特权，瞅见民间俊美幼童，便强留身边，名为“带娃崽”。这些娃崽白天干勤务，诸如打扇、拉马之类，夜晚则遭性侵。马寿龄《金陵癸甲新乐府》“带娃崽”一诗有“昼随马后夜床第”句，即指此事。

鸡奸属病态性行为。太平军中出现这种现象，与其特定环境、特殊规定有关。

金田团营时，人们大多是以家庭为单位参加起义。为打破清军围剿，拖家带口显然不合适，取缔家庭势在必行。洪秀全早在金田就颁布五大纪律，第二条为“别男行女行”，即拆散家庭，一律实行军事编制，严别男女，即便是夫妻也不得同宿，婚娶之事更是无从谈起。这顺应了流动作战需要，为金田起义从星星之火转变成燎原之势提供了便利。

定都南京（改名天京）并拥有大片版图后，太平天国仍延续这一做法，并从军中扩大到民间，使境内所有城市无一例外地变成军营，从而走向极端。以都城天京为例，全城居民以 25 人为单位，分别按性别编入男馆（营）或女馆（营），实行严格的军事化编制和管理。在不允许夫妻同居和暂缓谈婚论嫁的背景下，为整肃军纪，太平天国特别重视隔绝男女。“十款天条”是太平天国宗教戒律，同时又具有律法性质，其第七天条为“不好奸邪淫乱”。太平天国就此强调：“天堂子女，男有男行，女有女行，不得混杂。凡男人女人奸淫者名为‘变怪’，最大犯天条。”洪秀全早在广西永安便下诏严申：“务宜时时严查军中有犯第七天条否，如有犯第七天条者，一经查出，立即严拿，斩首示众，决无宽赦。”太平军禁律还作了具体规定：“凡犯第七天条，如系老兄弟定点天灯，新兄弟斩首示众。”“凡夫妻私犯天条者，男女皆斩。”“凡强奸经妇女喊冤，定即斩首示众，妇女释放；如系和奸，即属同犯天条，男女皆斩。”也就是说，无论是过夫妻生活也好，两相情愿也罢，强奸也罢，只要是和异性发生性关系，便一律属于犯下“奸淫”罪，格杀勿论。“点天灯”是太平天国的一种酷刑，将人从头到脚缠上棉纸，再浸泡麻油，涂上松脂白蜡，倒悬后活活烧死。

太平天国严禁娼妓，规定“倘有习于邪行，官兵民人私行宿娼、不遵条规开娼者，合家剿洗”。在天京，严禁官兵让民妇洗浣或缝补衣服，认为“既已私相授受，难免眉目传情”，宣布“嗣后如有官兵雇倩民妇洗衣缝纫者，概斩不留；其有奸淫情事者，男女并坐”。男女亲属之间的接触也被严格限制，女馆不准男子入探，“母子、夫妻止于馆外遥相语”。如此一来，男女关系便成为军中最大禁忌，动辄得咎，令人谈虎色变。

严别男女客观上有利于太平军整肃军纪，有效遏制了强奸民女事件。就连敌视太平军的读书人也不得不承认，“贼禁奸淫最严，淫曰‘犯天条’，立杀，虽广西老贼不贷”。然而，该法令过于严苛，不近人情，引起人们心理反弹，夫妻冒死同居事件在军中时有发生。定都后，镇国侯卢贤拔、冬官右正丞相陈宗扬作为身居要职的开国将领，仅仅因为与妻子私合过几次，前者被削去侯爵，后者被斩首示众。于是，禁欲主义的氛围，与异性完全隔绝的环境，难以排解的性压抑、性苦闷，终于滋生出病态的性行为，即鸡奸现象。

为杜绝鸡奸现象，太平军厉行规定：“凡奸老弟，如十三岁以上皆斩，十三岁以下专斩行奸者；如系和奸，皆斩。”关于具体查处情形，据涤浮道人《金陵杂记》，“去春（指咸丰三年癸亥春，引者按），群贼中多有犯鸡奸者，贼目审系用强，即将其人五马分尸；和即皆杀。嗣后有指被鸡奸者，遂将该童毒打，必致认诬而后已。从此即未闻有鸡奸之事矣”。张德坚《贼情汇纂》解释说：“奸淫之禁，贼令甚严，谓之‘犯天条’，和奸骈诛，强奸则杀行奸者。……然男子强奸、和奸之案则从无犯者，盖贼多无赖恶少，此风最甚，凡见俊美子弟如获至宝，或认为公子，或带为老弟，同居一室，虽有分床之令，更深夜静，其谁察之？况夫比比皆然，互相回护耶？”也就是说，查处大多虚应故事，不了了之。

夫妻冒死同宿、鸡奸现象等，说明严别男女法令受到不小冲击。

与军中普遍实行禁欲主义形成反差的是，洪秀全、杨秀清等首义诸王起始就另搞一套，实行多妻制。定都后，从 12 岁至 15 岁少女中选妃的方式被固定化，每逢首义诸王生日，照例要在城中选美，“谓天父怜各人劳心过甚，赐来美女也”。于是，继取消家庭、男女分馆，选美再次搅得民间鸡犬不宁。东王杨秀清自己也承认，天京民人“以为荡我家资，离我骨肉，财物为之一空，妻孥忽然尽散”，以至于“嗟怨之声，至今未息”。英国使节来访时，问及允许每人娶多少妻子，杨秀清用标准的外交辞令回答说：“兄弟聘娶妻室，婚姻天定，多少听天。”文中的“天”指上帝。洪秀全在起义初期就已拥有15名后妃，最终达88人之多。杨秀清死于内讧时，其王娘总数为54人。一边是妻妾成群，另一边却隔绝男女，虽夫妻不得团聚，上帝如此安排，实在是太偏心了。

这种上下有别的做法显然无法让人心悦诚服。谢介鹤《金陵癸甲纪事略》愤愤不平地说：“夫妻相处亦为奸，惟逆贼逼夺民女则不犯。……贪淫贼之本心，但禁人而已。”涤浮道人《金陵杂记》亦云：“以上洪、杨、韦、石、秦等五贼各该犯处均有妇女在内，或千百人，或百余人……除此五贼以外，余贼虽伪官至丞相名目，不许有妇女同处，即母子亦必别居，违者即为犯天条，贼法当斩。何以群贼肯甘心输服？此等贼理殊不可解。”作者认为，“倘有间谍者使之因此内讧，俾大兵得以乘机剿灭，亦殊快事也”。迫于内外压力，为稳定人心，避免局面失控，太平天国决策层被迫改弦易辙，宣布解禁，允许人们“团聚成家”。

不过，解禁仅限于高中级官员范围，允许这部分人夫妻团聚，未婚者成家，特点是推行多妻制。至于下级军官和普通士兵，则不能娶妻。按照太平天国礼制，各级官员的妻子都有专门称呼，其中，丞相妻至军帅妻通称“贞人”，取“妇人以贞节为贵者也”之意。于是，民间约定俗成，称列王之妻为“王娘”，其余官员之妻则一概称作“贞人”；因高中级官员实行多妻制，所以贞人又有大小之分，妻曰“大贞人”，妾曰“小贞人”。这些女眷大多被强娶而来。迫于生计，也有一些民女自愿嫁给太平军首领。

大批女眷随军是弛禁后军营生活出现的新现象。洪秀全想借此来安抚人心，但受惠于弛禁政策尤其是多妻制的毕竟仅是少部分人。更令他始料不及的是，随着禁令废止，纵欲之风在军中日益蔓延，导致军纪松弛。

由于实行多妻制，一些高级将领耽于声色，江南民谣遂有“大小贞人共一床，模模糊糊过时光”一说。

鸡奸现象依然存在。有些首领娶了妻，却依旧养有娈童。据金山人顾深在《虎穴生还记》中讲述，他被掳后，因识字能书，在浙江平湖驻军当“先生”。他被告知，“称呼江北老长毛，当以‘大人’呼之。童子虽系江南人，贼掳为己子，名为父子，其实是龙阳君，当以‘公子’呼之。”太平军以留发易服作为反清之象征，蓄发不剃，故被民间称作“长毛”。战国时魏有宠臣食邑龙阳，号龙阳君，后世遂称男色为“龙阳”。佚名《平贼纪略》亦云，“掳幼童使装烟吹火，称‘小拜喜’（把戏），有姿色者奸之，或献其酋为假子”。

通奸现象也随之出现。后来以环游世界著称的南京人李圭曾在江苏溧阳某馆听差，在所著《思痛记》中谈到相关隐情。在枪船控制下的太湖流域市镇，妓船与赌场、戏棚连为一片，生意火爆，常有太平军高官出入其中。权色交易也应运而生。据冯氏《花溪日记》记载，浙江海宁县花溪镇乡官朱芸泉为了升迁，向会王蔡元隆行贿，特意送来两名女子。

由于是否当官、官职大小关乎能否享有特权，包括能否娶妻、娶妻多少，人们对升迁趋之若鹜。这客观上助长了贪渎之风，导致私欲膨胀，进而瓦解了军心。

过去，出于为尊者讳的考虑，诸如太平军中的鸡奸现象，杨秀清等人选美、纵欲等史实，曾被简单地定性为地主文人的“诬蔑”，不予正视或承认。实际上，这些文字不确或夸大之处在所难免，但所述事实大体可信，绝非凭空捏造。

北京师范大学张守常教授在给笔者的便笺中谈到这种情况，坦言“我们老一些的，都有太平天国遗民的心理”，对年轻人的治学态度表示赞许。前辈学者的雍容大度、理性反省给后学树立了典范。剖析鸡奸现象及相关史实，有助于深化对相关历史的认识。男女婚配、与异性交往虽属儿女私情，但对军队来说并非小事，关乎能否稳定军心、整肃军纪，涉及军（官）民关系。总的来说，太平天国处理得不算成功，后期尤甚，婚姻与两性关系因而成为长期困扰太平军的一个棘手问题。开国将士整体素质高，据刀口余生《被掳纪略》，英王陈玉成便颇受部下爱戴，咸称其“生平有三样好处”，即“第一爱读书的人，第二爱百姓，第三不好色”。到了后期，游民及倒戈的清军纷纷入营，不服管束，恣意奸淫掳掠，极大损害了太平军声誉。

男女私情、婚姻关系为正确评判太平天国的妇女地位提供了一个很好视角。过去一直说太平天国提倡男女平等。但稍许查核史实就会发现，这种说法不靠谱。洪秀全搞多妻制，他一人有 88 个老婆。在太平天国，根据森严的等级制度所衍生出的多妻制，使女子变相成为特权阶层的陪衬，沦为侍奉、取悦后者的工具。仍以洪秀全为例，他曾经由着性情，用靴头击踢怀有身孕的娘娘，事见《天父下凡诏书》第二部。他还针对自己后妃的举止言谈，订下十条规矩："服事不虔诚，一该打；硬颈不听教，二该打；起眼看丈夫，三该打；问王不虔诚，四该打；躁气不纯静，五该打；讲话极大声，六该打；有喙不应声，七该打；面情不欢喜，八该打；眼左望右望，九该打；讲话不悠然，十该打。"作为洪天王的女人实在不容易，十条规矩犯了任何一条就要挨打受罚，这哪里有丝毫男女平等的影子呢？

（2020年1月）

释“开印酒”

太平天国在县以下设立乡官，职衔包括军帅、师帅、旅帅、卒长、两司马，由民人出任。与充当官府职役的昔日保甲长相比，太平天国乡官属正式行政序列，其职责以筹饷为主，兼及治安、诉讼、教化等，在庞大官僚体系中虽是末序微员，但直接与老百姓打交道，其表现关乎人心向背，关系到太平天国基层政权是否稳固，进而牵动整个战局。

总体上讲，乡官群体风气不好，办“开印酒”便是一例。所谓“开印”，指官员履新或升迁时，选择黄道吉日，启用象征权力的印信；“开印酒”系官员以“开印”名义操办的酒宴，借此向民间摊派费用（“开印钱”）或收取下属贺礼。这是沿自旧衙门的一种官场陋习，太平天国后期在苏南、浙东地区十分流行。

汤氏《鳅闻日记》记述常熟一带见闻。据载，咸丰十一年（1861）正月初三、初四，军帅、师帅、旅帅被授予官印，各自“择吉开印，遍发请酒柬帖”，“地方百姓，百长、司马，俱要备洋钱银子厚重贺分。里中富民巨贾勒索多仪，大小户口无敢免者”。柯悟迟《漏网喁鱼集》还举了具体例子，说常熟归家庄地保出身的汪万被任命为军帅，“即设局于何市，开印大张筵宴，先期遍发请帖”；接帖者“不得不趋贺”。

浙江情况相同。据沈梓《避寇日记》，同治元年（1862）二月，秀水县濮院镇沈幼巢从师帅升为参军，设馆子于白雀寺，初六开印，“先于初五送帖子，阖镇道喜，吃开印酒”。同治二年（1863）正月十五日，濮院镇董春圃就任师帅，事先书红笺帖，“请各店家饮开印酒”。当天，董氏先去拜访上司，仪仗别具一格，“前导者蓝镶白、红、黑等旗数队，鼓乐吹打而行”，“董身穿红衣，戴红巾，骑段款马，适天雨，手张黑色洋鬼子伞，招摇过市，以归于局。背后小长毛负印敕者亦骑驴子”。排场很大，“各店口及人家均送开印贺份，共收份五十余千。大张筵席，日中用奏演曲，夜以影戏娱宾客”。

升官之外，做寿也是喜事，照例也要庆贺一番。据鹤樵居士《盛川稗乘》，苏州桃花坞人汪心耕奉命在盛泽镇设局筹饷，因功被封为九门御林听殿刑部尚书、耕天福，遂大办宴席，并演戏助兴；又为其母做生日，“舁以彩舆，游行街市，鼓吹、旗帜后拥前导，铺户、居民各摆香案迎接。镇中大小各户派敛银洋为寿分”，“饮宴连日”。

出现这种情况，与乡官构成有关。20世纪五六十年代，史学界围绕乡官的阶级成分展开讨论，各执一说——有人认为各地乡官大多由地主阶级分子担任，也有人认为劳动人民始终占据多数。后一种观点颇有些振振有词：太平天国是农民革命政权，怎么可能大量任用地主阶级分子呢？其实，19世纪中叶的洪秀全等人不可能理解并运用阶级分析观点。出于筹饷考虑，太平天国主观上倾向于任用富人或在旧政权干过公差之人，而不是穷人。

太平军攻占苏州不久，忠王李秀成发布告示，明确表示“绅董可速出首，来城递册投诚”。浙江情形与此相仿。绫天安周文嘉坐镇绍兴，得知山阴县富绅何蕺民“为该县巨擘”，“曾为伪朝官宰，又系总理绍郡捐费”，延纳惟恐不及，认为他“才干有为”，“仰其出身办事，原为军饷大有裨益”，“以为民望”；及至得知何氏死讯，又深表悯恤，下令不得“擅行滋扰”其家室。嘉善县乡绅顾午花曾率乡勇抵抗太平军。大局初定后，嘉善太平军佐将陶金会软硬兼施，再三催促顾氏出任负责该县民务的监军一职，见面后“敬之如上宾”，表示“久慕大名，出来甚好”；其属下还将他“邀至花厅吃大烟”。陶开导顾：“你一则胆怯，二则恐妖朝复兴，然妖朝断不能兴矣，你到来正好了结。”在秀水县新塍镇，太平军专门发布一份针对“各地保及富户人等”的告示，敦促其“速即到局投册报名，输粮纳贡”。为逼迫绅富就范，温州乐清县太平军还采用强硬手段，时人遂有“不论贤，不论能，但呼富人强趋承，胁从不应系以绳”一说。

乡绅有名望有田产，不至于卷款而逃。这是太平天国的又一层考虑。据汤氏《鳅闻日记》，常熟太平军一心推富户出任乡官，“倘遇差徭，有财应抵；亏缺粮饷，可使赔偿……军、师、旅帅三大伪职，非无资者所能营干”，“而无业者欲做伪官，争谋不易得手，盖患其亏空无偿、获财逃去耳”。顾汝钰《海虞贼乱志》亦云，“军帅请当地有声价者充当，师帅以书役及土豪充当，旅帅、卒长以地保、正身伙计分当，惟两司马、伍长硬派地着中殷实者承值”。有些乡官出面辅佐郡县范围的民政，其职衔也就在军帅以上，甚至官至六爵（义、安、福、燕、豫、侯）。

这不等于说倘若乡官以穷人或劳动人民为主体，就不会搞

"开印酒"陋习。穷人羡慕并向往荣华富贵，同样难以自持。区别在于，乡绅以及旧衙门胥吏、地保与旧政权联系更紧，沾染旧习甚深，搞起这一套驾轻就熟。

"开印酒"折射出官场奢靡之风，映衬出一个"贪"字。有些乡官利用权力，不择手段地疯狂敛财。据沈梓《避寇日记》，嘉善监军顾午花浮收勒索，"平时包漕米，主词诉，豪横乡里。其收漕也，仍用故衙门吏胥，仍贪酷旧规，以零[淋]尖、插替浮收三石四石不等，百姓大怨。又有陶庄举人袁姓，承伪命于陶庄收漕，亦如此"。结果，顾、袁二人"翌年春间皆为乡人所杀，而顾死尤酷，裂其尸为四五块"。《柳兆薰日记》也谈到顾氏之死，说"众乡人不服，已率众入城，斩其首，分三段，一家三代遇害"。

借征收捐税中饱私囊的现象更为突出。据龚又村《自怡日记》，同治元年（1862）七月间，常熟乡官"借征下忙以助军饷，各户无租，仍复苛捐，知不归城主，均军、师帅取肥私囊。吕厍戏场、博局亦系师帅爪牙所开，日往花船，消耗不少"。"花船"指妓船。又如，苏州桃花坞人汪心耕奉命总理嘉兴粮饷，巧取豪夺，任职两年多，获银数十万。

乡官恶习迅速蔓延，使太平军在不知不觉中被同化，军中将领开印时摊派费用渐成惯例；官越大，征敛之钱越多。据存世的太平天国文书，太平天国壬戌十二年（1862）六月十四日，浙江诸暨县许军帅致函三十七都师帅徐君连，称"现在义大人开印，饬办各色货物，每都派费钱三十千"。不到一周，许又征新款，称"前奉张大人面谕，以现在首、梯二王（首王范汝增、梯王练业坤，引者按）暨余大人次第开印，每都师帅各派费洋八十元，断不能少，限于二十日缴齐，今又亲自来局坐收。为此飞札，仰弟于即日亲自携带来局，面听铺派，勿迟为祷”；同时不忘催讨上次摊派的义大人开印费：“再：领令箭印凭费十五元，又派买办货物费钱三十千，一同带来。”做生日同样强摊费用。常熟守军为庆贺忠王40岁生日，在四乡征收贺钱，每师摊银1500两。听王陈炳文的妻子做寿，仅嘉兴王店镇就摊银3000两。乡民额外负担之沉重，由此可见一斑。

开印、祝寿份子钱以及建造王府、官场应酬等费用，均不属于正常的军政开支，无形中加重了民众负担，从中折射出一种文恬武嬉、颓废奢靡的官场风气。此刻湘军正狂攻天京，局势异常严峻，但苏杭一带却依旧歌舞升平。有些地方要员甚至与乡官声气相投，吸食鸦片，嫖娼狎妓，搅得乌烟瘴气。

随着时间推移，特别是随着版图因军事失利而缩小，太平天国征收捐税和摊派钱物数额增多，催讨愈急。以常熟东乡为例，据柯悟迟《漏网喁鱼集》，咸丰十一年季夏，县城饬令派捐，勒限交解，里中挨户逼迫，虽罄其所有，仍不敷所欲。次年暮春，太平军“忽而要米数百石，忽而要金数百两，忽而要水木工、作衣匠，忽而要油盐柴烛，忽而要封船数十，忽而要小工数百”；时值青黄不接，家家室如悬磬，然催讨甚急，乡里日夜不宁，“农家典质无路，告贷无门，田地又无卖处，什物未能变偿，甚有情极［急］自尽”。这种近乎竭泽而渔式的强制征敛完全背离洪秀全、李秀成等人体恤民生的初衷，严重扭曲了太平天国的轻徭薄赋政策，损害了军（官）民关系，从而严重削弱了太平天国的统治基础。

从广西穷乡僻壤进入江南繁华富庶之地，太平军在不断开疆拓土的同时，其理想与锐气却悄然褪色，随之日益膨胀的是及时行乐、安富尊荣意识。这是一个总的趋势。张德坚《贼情汇纂》就广西首义女子的变化评述道：“粤西妇女赤足蓬首，壮健如男子，贼每使助阵，并可负荷军装。嗣至金陵，皆授伪职与伪朝官等，有军师、丞相以下各名目，统辖续裹妇女为之服役。数年以来，饱食嬉戏，养成娇惰，藜藿变为膏粱，非复曩时剽悍、能耐劳苦矣。”另据潘钟瑞《苏台麋鹿记》记载，驻守苏州的一位首领对部下说：“我自起兵身历数省，富人之窖藏他处实多，惟宫室器用、子女玉帛之类，则苏州为各省冠。谚称‘上有天堂，下有苏杭’，我道杭尚不如苏。今与汝等得享天福，当慎守之。”潘氏就此喟叹道：“故世谓发逆之亡，亡于苏州，盖恋恋于此，即怀安之一念足以败之矣。噫！夫差以来，前车几覆矣。”李圭也指出，太平军占领溧阳不到一年，其“酷烈之气”便“销磨于子女玉帛中”。

太平军与乡官的关系总体上不融洽。他们指派乡官的直接动机是筹措钱粮，对建设乡村基层政权的长远战略意义认识不足，对乡官大多缺乏信任和尊重。乡官因筹饷不力而被锁拿拷打，甚或迫于压力而逃亡乃至自杀，在苏浙各地时有发生。时人笔记中有不少此类记载。另一方面，太平天国苏浙地盘与清军控制区犬牙交错，出任乡官原本被视为危途，而催讨钱粮往往两头不讨好。因此，乡官群体大多持徘徊观望态度，抱着投机心理。同治元年五月，官至侯爵的乡绅王梦兰拟将家眷从嘉兴城迁至濮院镇。他解释说：“去年看来，长毛正在上风，尽可做得。今年看来，长毛日衰，做不得也。”这种心态很有代表性。由于乡村基层政权十分脆弱，太平天国在江南的统治实际上仅是一种单纯的军事占领，主要倚重中心城市和县城，缺乏稳固的乡村作为依托和回旋之地。一旦大小城市相继失守，苏浙版图便随即丧失殆尽，回天乏术。随后的战事发展正印证了这一点。

（2020 年 1 月）

释“人相食”

清政府与太平天国之战空前惨烈，给社会造成极深创痛，有些现象实在匪夷所思，“人相食”便是一例。这一幕惨无人道、惨绝人寰，充斥暴戾之气，是民间在绝粮状况下为苟延残喘而采取的极端行为，在当时并非个别现象。

杭州江山秀丽、人物奢华，民谚有“上有天堂，下有苏杭”一说，此时则处境窘迫。咸丰十一年（1861）十一月二十八日，太平军在围城两个多月后攻破杭州。攻城前，忠王李秀成不忍殃及无辜，劝官绅献城，遭拒绝。时值寒冬，城中居民先于守城清军断粮。据蓼村遁客《虎窟纪略》，城内出现人食尸现象，“民间食荇藻，每斤钱五六十文，或割死人肉卖食。老幼饿死载道”。华学烈《杭城再陷纪实》也有类似记载，内称城中十一月初粮尽，“升米银壹两，尚无从购觅。饥民满街市，哀号之声不绝，死者相继于道。凡草根、树皮以及水草、浮萍、旧牛皮箱等物，无不取食；甚有将人尸分割煮食以充饥”。

佚名《论杭州一再遭发匪陷城故事》则谈到一些细节。据载，城内居民起初以药材、杂草、皮革充饥，继以枕中豆米之壳煎水饮用，饿殍载途，“往来之人不能昂首相见，以致对碰倒地蹶之，自不能起”。浙江巡抚王有龄出示安民，让民人吃“观音土”充饥。结果，“凡食之者，安卧不得而起，魂归阴府矣”。接着便出现“人相食”现象：

> 街中所见稍有壮实者，人陷之为细作，取刀而杀之。予见于羊坝头西北拐角空地，为首割取者向业点心生意，素识之，割取手脚股肉、剖腹取心肝肺而回，不多时，全身已不见矣。又见三桥趾庵堂后河门首有一老尼，手持柴刀，旁有瓦罐，在河边不知刷洗何物。有一同窗呼予快来观之。予即视之，乃一人首，不见发辫。只见老尼以剪刀剪去皮毛后，以柴刀劈之，入罐而进。此乃初见食人之始也。

以老尼身份，如此从容地收拾人头作为食物，实在超乎想象。作者还说，太平军破城后信守承诺，“果不开刀，随带薄粥盐菜，沿途施舍”。沈梓《避寇日记》亦云，“因忠王有令不许伤百姓一人，故百姓并不加兵，然百姓之自尽者亦多，而所存者皆鹄面骨立、数日不食者，长毛亦不忍杀之矣。故百姓皆不苦长毛，而转以官兵为病”。后期因成员芜杂、疏于整顿，太平军军纪不及前期，但总体上仍优于清军，故沧浪钓徒《劫余灰录》有“兵不畏官而畏贼，民不畏贼而畏兵”之叹。

在湖州府长兴县山乡，往往数十里不见人烟。胡长龄《俭德斋随笔》记述了发生在当地的两件“人相食”事件，兹抄录如下：

> 有自广德贼窟逃归者，过管埭饥甚求食，遇老妪于危楼之下，招之使入。但见七八病人，共围一炉，给以粥在大釜中。比启釜，则清水沸腾，而老妪已持劈柴巨斧拟其

> 后，盖欲烹是人以供食也。幸老妪力不胜斧，举发稍迟，是人得以釜盖相拒，因而获免。更有某嶰残人，失其姓名，杀子熟煮，给其妻以兽肉。妻思觅子分甘，则实告之。妻乃托故以逃。此则山乡之惨，更甚于水乡者也。

这两例都很极端。老妪倘若不是因饥饿体力不支，“力不胜斧”，早成了杀人凶犯。虎毒尚且不食子，父食子这一幕怎会发生？当事人是怎样一种心理体验？情何以堪？胡氏还说，长兴蒋埠桥设数处肉肆，“所卖悉是人肉，大书‘人肉每斤钱二百文’，按之当时肉价，止得其半耳”。

兵荒马乱，物价飞涨，粮价尤甚。《花溪日记》作者冯氏是浙江海宁人，据他记述，道光二十九年（1849）闹水灾，当时鱼多肉贱，鱼每斤十余文，猪肉每斤三十余文，惟米价飞腾，每石六千文。到咸丰十一年（1861），肉价每斤八十文，米每石九千文。《小沧桑记》作者姚济是江苏松江人，据他记述，同治元年（1862）无物不贵，“食米每石至七千余文，猪肉每斤一百八九十；鱼向四五文一斤者，今十倍之”。柳兆薰是江苏吴江人，柳亚子的曾祖父，拥有三四千亩田地。他在日记中多次谈到物价。咸丰十一年八月十七日说，“时食物昂贵，肉每斤二百文，鱼虾七八十文一斤”。同治元年一月，米每石四千二百文；五月，每石七千文。其六月初三日记叹曰：“惟米价腾跃，每石须八千余文，即过七十老翁，亦云从未见此，无食者将何以度日？”地点不一，情况不一，物价并不一致，但总的趋势是高得离谱。长兴人肉标价每斤钱二百文，也就不算离奇。

长兴北与江苏宜兴毗邻。宜兴也有“人相食”现象。据姚济《小沧桑记》，同治二年（1863）十二月十二日，其族弟被掳两年后脱身，“据云自宜兴逃出，宜兴百姓人相食已久，人肉亦卖五十文一斤；人家有病，死者不敢哭，盖一闻哭声，群将尸身分割去也”。穷人无粮亦无钱，不甘坐以待毙，食人尸几乎成为唯一选择。

施建烈《纪无锡县城失守克复本末》亦谈到宜兴、无锡一带的“人相食”惨状。据载，无锡县城于同治二年十一月被淮军收复。同治三年（1864）正月至三月，“人相食，自西南乡渐迤而北”。时值淮军攻宜兴，宜兴难民出避者“沿途自相食”，“初犹食毙于路者，既而病者、仆者，即未死亦食之。及入吾境，即先食吾境之民；既而吾境亦食宜兴之民，甚至无赖子脔之块之，粥于市，诳言曰‘牛羊肉也’。多食者肿发于面。……邑宰将严究其人而杀之，粥人肉之风始息”。

“初犹食毙于路者，既而病者、仆者，即未死亦食之”，说明事态越发失控，生命在战乱年代形同草芥。据佚名《平贼纪略》，淮军收复无锡后，流离失所之民病死无数，“葬亦开千人坑埋之”，“且夫役扛尸，尝以两尸为一扛，甚至有未气绝者，夫役曰‘带去’。或能言未死者，则曰‘早晚一样’，竟带去埋之”。

苏南遭此兵燹，城乡萧索，人烟寥寥。沧浪钓徒《劫余灰录》说，“苏城之东，被贼至惨昆山耳，西则江阴耳，房屋十焚八九，人民十存一二。据目睹者云，常州、丹阳人相食者不少”。“人相食”是弱肉强食的结果，野兽食人亦如此。据沈梓《避寇日记》，同治二年七月，“有常州人言，常州百姓所剩不及十分之一，人少兽多，频出虎豹食人”。照此说法，在一个半世纪以前，苏南仍有虎豹出没。另据施建烈《纪无锡县城失守克复本末》，战后惠山一路人烟稀少，“有野兽自溧阳、宜兴山内成群而来，大者如驹，小者如狼，其声或如劈竹，或呦呦如小儿啼。其噬人也，或独行，以前二足搭其肩，惊顾其牙长寸许，利如锯，啮喉而饮血；若两三人行，差可免。乡民呼为‘竹狗’。……以后城乡居民日多，其患始息”。

战争给民众带来深重灾难，使人倍感和平之宝贵，怀念承平时光。时人叹曰：“噫！离乱之秋，民生之苦，自古皆然，‘宁作太平犬，莫作乱离人’，信夫。”

（2020 年 1 月）

哈佛—燕京学社琐记

一提起美国哈佛大学，人们大多耳熟能详，知道这是一所与英国牛津大学、剑桥大学并驾齐驱的世界一流高校。但谈到哈佛—燕京学社（Harvard Yenching Institute），了解它的人也许就不那么多了。

哈佛—燕京学社是美国乃至整个西方的汉学研究中心。该学术机构虽然冠以“哈佛”的名号，但在法律和财务上，并不隶属于哈佛大学。不过，它的社址设在哈佛校园内，与这所美国著名学府有着千丝万缕的联系。

从性质上讲，哈佛—燕京学社是一个非营利性的基金会。它创建于1928年，其经费源于美国铝业大王查尔斯·霍尔（Charles Hall）死后所捐赠的一笔巨款，旨在通过文化交流，促进美国汉学和中国人文学的研究。前者以建构哈佛大学的东亚研究为目标，后者则以推动中方合作伙伴燕京大学的国学研究为重点。学社的主管机构为托事部，由哈佛大学、燕京大学和霍尔遗产执行团代表各三人组成，总揽全社的具体规划，故名哈佛—燕京学社。学社首任主任为法籍俄国东方学者叶理绥（Serge Eliss é eff）。

在美国本土，学社创建了哈佛大学远东语言系（后改称“东亚语言文化系”），并资送研究生和访问学者来中国进修，为美国的高校和学术机构培养了一批中国学研究的专家与学术带头人。先后创刊《哈佛亚洲研究学报》和《远东季刊》（后改称《亚洲研究》），并出版“哈佛—燕京学社东亚研究丛书”。学社的另一项主要业绩是创办了哈佛—燕京图书馆（原名“汉和图书馆”）。该图书馆藏有中日文古籍约四五十万册，为全美高校之冠。在1949年之前，馆藏中文书籍主要依赖燕京大学为其采购。时至今日，尽管哈佛—燕京图书馆已成为哈佛大学的一部分，但哈佛—燕京学社仍然在财政上支持它，经费约占该基金会全部开支的30%。

在北平，学社在燕京大学设有北平办事处，执行干事一职起初由美国人担任，1939年改由燕京大学历史系教授洪业（号煨莲）接任。创刊《燕京学报》《史学年报》等。成立引得（即“索引”）编纂处，由洪业教授主持，采用中国字庋撷法，专印经过整理的中国古代典籍的索引，前后共出版64种，是国内较早运用科学方法整理出版中国古籍的工具书，受到海内外汉学界的广泛赞誉和重视。不过，影响最为深远的当属资送青年才俊赴哈佛深造项目。

中国学者与哈佛大学乃至哈佛—燕京学社之间的渊源，最早可以追溯到19世纪下半叶。1879年，身为宁波候补同知（正五品衔）的戈鲲化应聘携家眷来到美国麻省剑桥，成为哈佛大学的首任中文教员。两年多后，戈鲲化在剑桥病逝，所遗留的中文书籍成为哈佛—燕京图书馆最早的一批中文藏书。为了纪念这位为该馆中文藏书作出特殊贡献的文化使者，哈佛—燕京图书馆大厅至今仍悬挂着一幅戈鲲化身着清朝官服的画像。1921年，著名语言学家赵元任应聘担任哈佛大学的中文教员，3

年后由梅光迪继任。1928 年至 1930 年间，洪业也来到哈佛大学任教，主讲 1793 年以来的远东历史、中国史料研究方法等课程。哈佛汉学研究之所以蒸蒸日上，这些中国学者功不可没。随后，在哈佛—燕京学社奖学金的资助下，中国学人纷纷来到哈佛大学深造，先后有齐思和、翁独健、黄廷毓、郑德坤、林耀华、周一良、陈观胜、蒙思明、王伊同、王钟翰等。以其他途径来到哈佛研习的学者还有陈寅恪、吴宓、汤用彤等人。其中的一些人后来成为学贯中西的学术大师。以陈寅恪为例，他在《蒙古源流》一书中首先运用西方汉学家对音勘同的译名还原法，突破了该领域证补和重修正史的传统套路，使国内的蒙古史研究在 20 世纪 30 年代跨入一个新阶段。

哈佛大学建校 300 周年之际，中国校友特地赠送一碑，表达了他们对留学哈佛的感受和认识。碑文如下：

美国哈佛大学三百年纪念记

文化为国家之命脉。国家之所以兴也，由于文化；而文化之所以盛也，实由于学，深识远见之士，知立国之本，必亟以兴学为先。创始也艰，自是广大而扩充之，而其文化之宏，往往收效于数百年间而勿替。是说也，征之于美国哈佛大学，滋益信矣！

哈佛约翰先生于三百年前，由英之美，讲学于波士顿市。嗣在剑桥建设大学，即以哈佛名之。规制崇宏，学科美备，因而人才辈出，为世界有名之学府，与美国之国运争荣。哈佛先生之深识远见，其有造于国家文化也大矣！

我国为东方文化古国，然世运推移，日新月异，志学之士复负笈海外，以求深造。近三十年来，就学于哈佛，学成归国，服务于国家社会者，先后几达千人，可云极盛。今届母校成立三百年纪念之期，同人等感念沾溉启迪之功，不能无所表献。自兹以往，当见两国文化愈益沟通，必更广大扩充之，使国家之兴盛，得随学问之进境以增隆，斯则同人等之所馨香以祝，而永永纪念不忘者尔！

西历一九三六年九月哈佛大学
中国留学生全体同人敬立

该碑至今仍安放在哈佛大学校园内。哈佛—燕京图书馆则悬有一幅晚清湖南巡抚陈宝琛题写的对联，曰“文明新旧能相益 心理东西本自同”。两者之意境可谓异曲同工。这种文化交流客观上促进了双方的学术进步。在1929年撰写的《吾国学术之现状及清华之职责》一文中，陈寅恪先生敏锐指出了这一发展趋势，强调“盖今世治学以世界为范围，重在知彼，决非闭门造车之比”，其目的“在求本国学术之独立”。堪称远见卓识。

1949年后，这种文化交流暂告中断。1954年，哈佛—燕京学社在第二任主任赖肖尔（Edwin Reischauer）教授主持下，设立了“访问学者”项目，每年从韩国、日本、中国台湾、中国香港、新加坡邀请十几位人文学者来哈佛进行学术研究。1980年，在克莱格（Albert Craig）教授担任主任期间，哈佛—燕京学社恢复了与中国大陆的往来，并于同年开始在中国大陆实施“访问学者”项目。美方最初确定的合作对象是北京大学、中国社会科学院、南京大学、复旦大学、中山大学，后来扩大到南开大学、山东大学、四川大学、武汉大学、厦门大学和上海社会科学院。候选人的年龄一般限制在42周岁以下，通常先由所在单位推荐，然后再由美方进行面试。

从1980年至1999年，哈佛—燕京学社共计资助了150多名来自上述11所高校和科研机构的中国学者。目前，学社共以三种方式从事东亚、南亚地区与美国之间的文化交流，除访问学者项目外，另一种是资助攻读博士学位者在美国完成学业，第三种是资助一些学者来美国从事短期的合作研究项目。由此可以看出，经过创建以来60余年的发展，学社文化交流工作的涵盖面已越来越广。克莱格的继任者、明清小说研究专家韩南（Patrick Hanan）教授表示，哈佛—燕京学社希望挖掘和培养最杰出的学术人才，以促进东亚国家与美国乃至西方之间的自由学术交流。他善意地指出：“谈到人文和社会科学方面，目前世界上重要的学术思想主要来自英、美、德、法等西方国家。然而在将来，重要的学术思想同样很有可能来自中国、日本等国家。”

1994年至1995年间，笔者有幸作为哈佛—燕京学社的访问学者，在哈佛进修一年。按照惯例，每位访问学者须事先申报研究计划并联系导师。我拟定的研究课题为《晚清时期的华北农村社会》，导师是孔飞力教授。新学期开学之际，韩南教授鼓励我们自由地选择听课，并风趣地将之喻作“Window Shopping”，意即像逛商场一样，先从橱窗打量商品，然后再决定是否有意购买。哈佛大学荟萃了一大批人文社会科学方面的名教授，各种学术报告会或演讲也十分频繁，大家自然不会放过这一难得的机会。在哈佛期间，我除重点选修孔飞力教授给研究生开设的课程外，还旁听了其他一些名家的课，如张光直、亨廷顿（Samuel P. Huntington）、麦克法夸尔（Roderick MacFarquhar）、杜维明、李欧梵等。李欧梵教授是中国现代文学研究专家，他当时召集来自海峡两岸的访问学者、哈佛教员、研究生等，定期举行小型的学术沙龙，就不同学科的研究热点、发展趋势等进行自由交谈。我也不时参加，由此获得大量信息，颇收切磋之功。

在哈佛进修一年，我最大的感受之一是中美两国在高校体制和教育观念上的差异。以博士研究生培养为例，在美国，成为博士研究生是较为轻松之事，并不需要通过竞争激烈的入学考试；但要获得做博士论文的资格，成为所谓的"博士候选人"，则必须迈过考试这道坎。考试由一个专门的考试委员会主持，成员均由教授组成，导师本人并不参与出题和阅卷。就人文学科而言，这种考试通常要连考三天，而且涉及的内容十分广泛，甚至一直追溯到大学时代的课程。通过考试者方才有资格着手撰写学位论文；至于何时举行答辩，则主要视研究生本人论文写作的进展情况而定，并没有具体的时间限制。

这种宽进严出、公平竞争、教授治校的教育模式为培养高质量人才提供了可靠保证；而且，像哈佛这样学科齐全、师资力量雄厚的高校，可供研究生选修的课程十分丰富，每个人可根据自己的专业需要和个人爱好进行选择。这使得研究生能够及时掌握各相关学科的最新研究成果和信息，知识面较宽，研究方法和视角较为新颖，从而为撰写学位论文和日后的研究奠定了一个良好基础。相比之下，我们是严进宽出，考生一旦顺利通过入学考试，被录取为博士生，则最终获得博士学位基本上是十拿九稳，缺乏优胜劣汰机制对他们的进一步约束和刺激。三年攻读时间雷打不动，照例是第一年挣足学分，剩下的两年撰写论文和答辩，“计划经济”、行政干预的色彩较浓，粗放式教育的特征较为明显，所开课程不但极为有限，而且较少紧扣学术前沿，致使研究生知识面较窄，研究视野不够开阔，难以应对现代学术多学科渗透这一发展趋势的挑战。在这种背景下，博士生最终能否成才，除导师因素外，主要取决于个人的勤勉程度和悟性，从而导致其素质参差不齐。这方面的改革已是刻不容缓。

哈佛之行，使我得以了解美国史学界的相关研究动态，拓宽了自己的学术视野。回想起这段令人难以忘怀的经历，每一位访问学者都会对哈佛—燕京学社的工作人员心存感激。学社除正副两名主任外，具体工作人员仅有三人，但都颇具敬业精神，办事富有效率。从日常生活到学术研究，学社都尽可能地为我们提供方便，使我们很快就熟悉并适应了这里的环境。

1995 年 10 月，中国哈佛—燕京学社校友联谊会在南京正式成立，迄今已分别以“中美文化交流”和“世纪之交的中国与美国”为题，召开了两次学术研讨会，并将与会论文编辑出版。国内的历届哈佛—燕京学社访问学者以这种独特的方式，继续诠释和从事着中美文化交流的工作。

（1999 年 9 月）

晚清史研究的根基和中心理应在中国[①]

经长时间筹备，第八届晚清史研究国际学术研讨会在美丽的古城桂林顺利开幕了。我谨代表本次会议的主办方之一，代表中国社会科学院近代史研究所，向与会的各位学者，包括来自日本、韩国的朋友，表示热烈欢迎；向为筹办本次会议付出辛劳的中国人民大学清史研究所特别是广西师范大学历史文化与旅游学院的同志们表示衷心的感谢！

今年是改革开放40周年。从某种程度上说，没有改革开放，也就没有晚清史研究如此的发展变化。摆脱“左”的束缚和影响，解放思想、对内改革的推进，毅然决然、全方位的对外开放，给晚清史研究注入了强劲动力和无限活力。过去公式化、教条化、脸谱化的研究得到有效纠正，以唯物史观为指导进行学术研究走上正轨。中外学术交流的日益紧密，对社会科学理论的借鉴，研究视野的拓展，新研究领域的开拓，新史料的大量发现和整理出版，尤其是国家清史纂修工程的实施，都极大推动了晚清史研究。国家清史纂修工程持续十多年，现已接近尾声，其最终成果大约100卷3000多万字。“通纪”也就是通史9卷，今天到会的茅海建教授、黄兴涛教授和我各承担了其中一卷。40

---

① 2018年8月25日，“被卷入世界的晚清中国暨戊戌变法120周年”——第八届晚清史研究国际学术研讨会在广西桂林召开。该文为笔者在会议开幕式上的致辞（略有删节），据录音整理，标题为新拟。

年来，中国近代史研究面貌一新，气象万千，硕果累累，晚清史研究在其中起了不可替代、不可或缺的作用。

晚清史学科的发展，是几代学者共同努力的结果。联合举办本次会议的三家单位，都有重视晚清史研究的传统。我们深切怀念那些已离我们远去、成绩卓著的前辈学者。半个月前，我的恩师、旅居美国的王庆成研究员病逝，享年91岁。远隔重洋，不能去送老师一程，令人无限怅惘、黯然神伤。再如，中国人民大学原校长李文海老师，道德文章堪称楷模，是官但没有官气，是大学者但没有架子；广西师范大学的钟文典老师，上世纪50年代写有《太平军在永安》一书，后来主编多卷本《广西通史》，是太平天国开国史研究和广西地方史研究的权威学者。薪尽火传，把晚清史研究继续推向前进，是我们今天纪念前辈学者的最好方式。

本次会议设置了两个主题，其一是“被卷入世界的晚清中国”。研究晚清史，必须要有世界史的视野。但对于西方学界提出的所谓“全球化视角”，我个人认为，要持审慎态度。西方主导的所谓全球化本质上是西方化或资本主义化，说来说去依旧反映了“西方中心论”，同时遮蔽、淡化了历史真相——众所周知，中国国门是在清道光年间被西方列强用坚船利炮强行打开的，正如本次会议名称所揭示的，中国卷入世界是被迫、被动的。被动卷入、主动抗争，通过接续探索奋斗，在中国共产党领导下，我们走出了中国革命的新路，接着又走出一条发展新路，迎来中华民族伟大复兴前所未有的光明前景——这构成近百余年来中国历史发展的主线。对兴起于美国的“新清史”

研究学派，同样应作具体分析。总之，晚清史研究的根基和中心在中国，也理应在中国。与国外学界相比，我们的研究优势不仅体现在典章制度研究、史料整理、史实考订上，还应当体现在研究具有思想性、理论性，能够引领学术潮流，而不能被别人牵着鼻子走。中央一再强调，要构建我们自己的学科体系、学术体系、话语体系。晚清史学科在这方面还有大量工作要做。

本次会议的第二个主题是戊戌变法。今年适逢戊戌变法 120 周年，对此专题展开研讨是有意义的。

自 2006 年起，近代史研究所政治史研究室单独或与外单位合作，先后成功举办七届晚清史研究国际学术研讨会。研讨会的召开，为中外学者的交流对话，对推动晚清史学科的发展和相关专题研究的深入，提供了重要平台，发挥了积极作用，已经形成品牌效应。

作为中国社会科学院的重点学科之一，本所晚清史学科得到发展，产生了应有的影响力。今后，晚清史学科的建设与发展，包括研究梯队建设，只能加强，不能削弱。

让我们共同努力，把晚清史研究推向前进。

唯物史观与民国学术及社会发展①

本次研讨会由中国社会科学院、中国史学会主办，规格很高。来自京内外的90多位学者及媒体朋友参加会议。作为会议承办方，近代史研究所编印了会议论文集，共收录65篇论文。两天来，有5位学者作了主题报告，接着进行分组讨论，举行了10场报告会，有54位学者发言。刚才，两个小组的代表就各自讨论情况作了很好的归纳、介绍。

研讨会安排周密、紧凑。两天来，大家围绕会议主题展开热烈研讨，进行了很好的对话交流。本次研讨会的收获大体可概括为以下三个方面。

一是在坚持以唯物史观为指导研究民国史这个重大原则问题上进一步深化认识，达成了共识。

两个多月前，我去看望院荣誉学部委员、90岁高龄的蔡美彪先生。蔡先生感慨说，近代史研究所原本以研究晚清史为主，起初连研究辛亥革命史的人都很少，后来才成立民国史研究室；现在研究重点变了，研究晚清史的人少了。我想，这与民国史与现实离得更近、联系更紧有直接关联。也正因为如此，研究

---

① 2017年12月2日，由中国社会科学院、中国史学会主办的“唯物史观与民国学术及社会发展”研讨会在京召开。该文为笔者在研讨会闭幕式上所作的会议总结（略有删节），据录音整理，标题为新拟。

民国史，必须坚持以唯物史观为指导，坚持正确的政治方向、学术导向和价值取向，警惕历史虚无主义的倾向。习近平同志指出，中华民族伟大复兴是近代以来中华民族最伟大的梦想。民族复兴包括三层含义：国家富强、民族振兴、人民幸福。而在近代中国，要实现国家富强、民族振兴、人民幸福，首先必须实现国家统一、民族独立、人民解放，也就是进行反帝反封建的新民主主义革命。倘若以点带面、以偏概全，将民国史上局部、零碎、片段的史实加以扩大、夸张，就会否定大的历史进程，得出错误结论。反帝反封建是中国近代史的主线，28 年峥嵘岁月，28 年艰辛探索、浴血奋战，中国共产党带领人民建立了新中国。这是一段可歌可泣的历史。如果民国真像有些人所说的那么好，那中国共产党领导革命、建立新中国乃至带领人民走上社会主义道路的依据和意义何在？美化民国，否定中国革命、中国道路，岂不是历史的大颠倒？所以说，理性、客观地认识民国学术及社会发展，不单是个学术问题，还是个政治问题，丝毫含糊不得。从这个角度说，本次研讨会的召开很及时，很有必要。

二是深化了对协调好民国史研究与中共党史研究、新民主主义革命史研究的认识。

学界前辈、牵头创立近代史研究所民国史研究室的李新先生说过，中华民国覆灭的过程和中国新民主主义革命胜利的过程，是同一个历史过程的两个方面；写民国史离不开革命史，正如写革命史离不开民国史一样，两者的研究各有侧重点，同时又密不可分。李新先生本人就主编了 12 卷本《中国新民主主义革命通史》。因此，研究民国史，不能画地为牢，不能与中共党史、中国革命史研究切割，而应当结合起来研究，至少要有这个视野。这对深化研究、深化认识，很有帮助。近年来一些学者的研究，以及本次研讨会所提交的一些论文，都体现了这种努力，值得提倡。

三是围绕会议主题，就相关专题进行了深入研讨。

本次研讨会所提交的论文，以及分组讨论时学者们的发言，涉及民国时期的经济、政治、思想文化、社会、外交等多个专题，内容丰富，有新意，有前沿性，在一定程度上体现了国内民国史研究的最新动态和代表性成果。

总之，本次研讨会进展顺利，达到了预期目的。我相信，这对确保民国史研究沿着正确轨道发展并进一步深化研究，将会起到积极的推动作用。

海上丝绸之路与近代以来区域社会经济发展①

值此丹桂飘香时节，“海上丝绸之路与近代以来区域社会经济发展暨第二届中国近代经济史研讨会”在古城桂林顺利开幕了。我谨代表会议主办方之一，代表中国社会科学院近代史研究所，向与会的各位专家学者表示热烈欢迎！

今年是改革开放40周年。40年前，中共十一届三中全会作出重大决策，把党和国家的工作重点转移到经济建设上来，实行改革开放。党的十三大正式确立“一个中心、两个基本点”的发展战略，也就是党在社会主义初级阶段的基本路线。一个中心，就是以经济建设为中心。改革首先在农村、在经济领域展开，接着转入城市，扩大到政治、文化等其他领域，逐渐形成经济、政治、文化、社会、生态文明建设“五位一体”的总体布局。改革开放之初，我国经济总量位居世界第十一位；从2010年起，我们超过日本，稳居世界第二位。发展是硬道理，改革开放40年的光辉历史，充分印证了发展经济、从事经济研究包括经济史研究的极端重要性。

① 2018年11月3日至4日，“海上丝绸之路与近代以来区域社会经济发展暨第二届中国近代经济史研讨会”在广西桂林召开，由中国社会科学院近代史研究所经济史研究室、广西师范大学历史文化与旅游学院、广西师范大学海上丝绸之路文化研究院主办，60位中外学者与会。该文为笔者在会议开幕式上的致辞（略有删节），据录音整理，标题为新拟。

改革开放给史学研究注入蓬勃生机和无限活力，提供了广阔平台。思想解放的推进，研究禁区的突破，中外学术交流的日益紧密，新的研究领域的开辟，新资料的整理出版，无一不与改革开放相关。同时，经济快速发展给史学研究提供了物质条件。清史纂修工程是新中国成立以来规模最大的一项文化工程，历时十多年，目前已接近尾声。其最终研究成果大约100卷、3000多万字，其内容涉及晚清社会经济史。最近，按照中央指示精神，中国社会科学院正以历史学部的5个研究所为基础，筹建“中国历史研究院”。这必将会给史学研究提供新的契机，注入新的活力。

近代史研究所的经济史研究室成立于改革开放之初，即1982年，首任研究室主任是著名学者王庆成先生，近代史研究所原所长、我的恩师。30多年来，在几代学者共同努力下，经济史研究室推出了一批优秀研究成果，尤其是从翰香先生主持的华北农村研究，虞和平先生的近代商会研究，以及他主持的中国现代化历程研究。虞和平先生担任过所领导，当年我在他的领导下在经济史研究室工作。本所原图书馆馆长，现任《近代史研究》杂志主编，都是从经济史研究室走出来的。现在，经济史研究室以年轻人为主。相信在大家共同努力下，经济史研究室会有新发展，呈现新面貌。

本次会议的主题之一是海上丝绸之路。从历史上的海上丝绸之路，到近代西方列强从海上入侵中国、强行把中国纳入西方主宰的世界体系，再到今天中国特色社会主义进入新时代，我们倡议“一带一路”建设，引进来与走出去并重，提出构建人类命运共同体，这种时空转换沧桑巨变，令人感慨万千。一代代人的艰辛探索与不懈奋斗，中华民族实现了从站起来、富起来到强起来的伟大历史飞跃。今天研究海上丝绸之路，研究近代以来区域社会经济发展，我们更多了几分气定神闲，我们的研究和认识无疑会更加深化。

本次会议共收到50余篇论文。相信通过交流对话，将会对相关研究起到积极的推进作用。

改革开放前30年的历史

改革开放前 30 年，指 1949 年新中国成立到 1978 年中共十一届三中全会召开。新中国成立彻底终结了旧中国饱受屈辱的历史和一盘散沙局面，实现了国家高度统一、民族独立、人民解放，开创了历史新纪元。这一事件是新民主主义革命史的尾声、新中国历史的起点。确立社会主义基本制度（1949—1956），探索社会主义建设道路（1956—1978），构成改革开放前 30 年历史的两个阶段，或两大历史性事件。

确立社会主义基本制度

新中国成立后，采用什么样的社会制度、沿着什么道路搞建设？中国共产党按照中国革命分两步走的既定战略，毅然决然地选择了社会主义，着手由新民主主义社会向社会主义社会过渡。

这场社会大变革与乘胜进军统一中国大陆、大规模剿匪、抗美援朝同时进行，加之西方国家对新中国实行经济封锁和禁运，其难度之大、头绪之多、情况之复杂超乎想象。党带领人民迅速恢复在旧中国遭到严重破坏的国民经济，全国工农业生产 1952 年底已达到历史最高水平，并创下不少奇迹。例如，成渝铁路早在清末就酝酿兴建，搁置近半个世纪；新中国仅用两年时间，就于 1952 年 7 月建成通车。经毛泽东亲自审定，党中央提出了过渡时期的总路线：要在一个相当长的时期内，逐步实现国家的社会主义工业化，并逐步实现国家对农业、对手工业和对资本主义工商业的社会主义改造。这个过渡时期有多长？起初设想需要3个五年计划、大约15年时间——从1953年算起，到1967年基本完成。在党的领导下，新中国大力开展各项民主改革，通过没收官僚资本、建立社会主义性质的国营经济，实施以社会主义工业化建设为重点的发展国民经济第一个五年计划，特别是创造性地全面实行对生产资料私有制的社会主义改造，使社会主义因素在新中国迅速增长并占据主导地位。这说明党的执政能力在实践中稳步提升，同时也体现了社会主义体制的优越性。随着形势的发展变化，过渡时期的时间比预计大为缩短，实际仅用7年。1956年9月，中共八大郑重宣布："几千年来的阶级剥削制度的历史已经基本上结束，社会主义的社会制度在我国已经基本上建立起来了。"

确立社会主义基本制度，是中国历史上从未有过的最广泛最深刻的社会变革。辛亥革命结束了在中国延续几千年的君主专制制度，但中国社会的半殖民地半封建性质并没有改变。新中国成立，改变了国体、政体，人民在政治上翻身做了主人。社会主义基本制度的建立，则意味着新中国从此进入社会主义初级阶段，人民在经济上翻身做了主人，延续几千年的剥削制度被消灭，剥削阶级作为阶级已不再存在。这就从制度层面落实了中国今后走什么路的问题，为当代中国的一切发展和进步夯实了基础，为新中国避免出现大的阶级对抗性的纷扰动荡提供了制度保障——自近代以来，人口众多、一穷二白、积贫积弱是我国基本国情，民生问题突出，社会矛盾激化；倘若中国走资本主义道路，必然加剧两极分化现象，酿成更为剧烈的社会对抗与动荡。

时至今日，我国发生沧桑巨变，而坚持社会主义道路始终没有变，被列为作为立国之本的四项基本原则的第一条。公有制是我国基本经济制度的主体，按劳分配是我国分配制度的主体，共同富裕是中国特色社会主义的根本原则，这些都鲜明体现了我国作为社会主义国家的本质。这一制度设计的意义极为重大深远。

探索社会主义建设道路

中共八大还明确宣布，党和人民当前的主要任务是保护和发展社会生产力，尽快地把中国由落后的农业国变为先进的社会主义工业国。如前所引，“几千年来的阶级剥削制度的历史已经基本上结束，社会主义的社会制度在我国已经基本上建立起来了”这句话连用两个“基本上”，承认结束旧制度、建立新制度的工作并没有全部完成，还不彻底。尽管如此，八大仍果断决定，把工作重心转入全面的大规模的社会主义建设。

党和人民奋起直追、尽快改变落后面貌的心情十分急切。1956年8月30日八大预备会议，毛泽东在谈到建设一个伟大的社会主义国家这一目标时，明确提出要在五六十年内赶上和超过世界上最强大的资本主义国家美国。他说，超过美国是一种责任，不仅有可能，而且完全有必要、完全应该；如果不是这样，那就要从地球上开除我国的球籍，“那我们中华民族就对不起全世界各民族，我们对人类的贡献就不大”。同年 11 月《纪念孙中山先生》一文也有类似表述。该文指出，进入 21 世纪时，中国将变为一个强大的社会主义工业国，中国应当这样，中国应当对于人类有较大的贡献，“而这种贡献，在过去一个长时期内，则是太少了”。1958 年 5 月，中共八大二次会议正式提出“鼓足干劲，力争上游，多快好省地建设社会主义”的总路线，明确了用 15 年赶超英国的目标。

苏联是世界上第一个社会主义国家，所以新中国起初一边倒地学苏联，随后意识到不能照抄照搬。1956 年 4 月，毛泽东发表《论十大关系》的讲话，开篇就提出要对苏联的一些缺点和错误引以为戒，强调要探索适合我国国情的社会主义建设道路。谈到中国与外国的关系，毛泽东肯定了“向外国学习”的口号。他明确表示，要坚决抵制和批判外国资产阶级的一切腐败制度和思想作风，但这并不妨碍我们去学习资本主义国家的先进的科学技术和企业管理方法中合乎科学的方面。这体现了开放胸怀、理性态度。然而，由于经验和认识不足，急躁冒进，忽视了客观经济规律，脱离了具体国情，新中国在提出社会主义建设总路线后，轻率发动“大跃进”运动、农村人民公社化运动，导致以高指标、瞎指挥、浮夸风和“共产风”为主要标志的“左”倾错误严重泛滥，国民经济发生严重困难。党中央在 1960 年冬着手纠偏；1962 年初召开“七千人大会”，在民主气氛中初步总结了“大跃进”中的经验教训。可惜这种良好势头未能延续下去。随着中苏关系交恶、双方论战升级，毛泽东和党中央从国际上的反修斗争联想到国内的反修防修问题，担心干部变质、江山变色，对阶级斗争形势和党内出现修正主义的危险作出错误判断，以致指导思想上“左”的错误愈益发展，片面强调以阶级斗争为纲，政治运动接连不断，打乱了经济建设节奏。1966年“文化大革命”爆发，演变为一场持续十年的全国性内乱，给党、国家和人民带来严重灾难。

有人因此把新中国成立后近30年的历史描得一团漆黑，这是错误的。在冷战背景下，资本主义、社会主义两大阵营对峙，新中国起始就遭到西方国家的军事威胁和经济封锁，以致在工业布局上不得不考虑备战；中苏关系破裂后，又骤然面临苏联施加的各种巨大压力，包括核讹诈。在如此险恶、紧张的形势下，新中国处处被人卡脖子，与外国接触的空间很有限，能够借助的外力很有限，只能也必须独立自主、自力更生。在中国这样一个跨越资本主义发展阶段、社会生产力水平十分落后的东方大国建设社会主义，史无前例，原本是一个崭新探索和巨大挑战，在探索中走弯路、遭挫折在所难免。我们不能做事后诸葛亮，说我们原本可以一马平川、一帆风顺。这是唯心主义。也有人反对把“文化大革命”与“艰辛探索”联系起来看，惊呼评价变了。事实上，关于“文化大革命”的评价并无变化，但是，倘若我们的认识仅停留在“浩劫”“动乱”等概念上，甚至以此否定新中国前30年的历史，则是片面的、错误的。《中国共产党中央委员会关于建国以来党的若干历史问题的决议》讲得很清楚——“文化大革命”这样全局性的、长时间的严重错误“使得我们没有取得本来应该取得的更大成就”，但“三十二年来我们取得的成就还是主要的，忽视或否认我们的成就，忽视或否认取得这些成就的成功经验，同样是严重的错误”。

八大闭幕后，党带领人民发愤图强，掀起全面建设社会主义的热潮，《社会主义好》等歌曲响彻中华大地。雷锋、焦裕禄等优秀党员干部的涌现，以大寨和红旗渠为代表的改造山河的壮举，大庆油田的开发，“铁人”王进喜“宁肯少活二十年，拼命也要拿下大油田”的奉献精神，特别是科技人员在极端困难条件下自主研制，成功爆炸我国第一颗原子弹，打破外国的核垄断、核讹诈，提高了我国国际地位。这些都集中体现了党和人民的精神风貌与凌云壮志。即便是在“文化大革命”期间，我国仍有亮点。譬如，我国粮食生产保持比较稳定的增长，建成一些新铁路和南京长江大桥，投产了一些技术先进的大型企业，成功进行氢弹试验和人造卫星发射回收，育成并推广籼型杂交水稻，等等。再以外交工作为例，我国于 1971 年恢复在联合国的合法席位，次年促成美国总统尼克松访华、实现中日邦交正常化。从长时段讲，新中国成立不到 30 年，在一穷二白基础上建立起独立的比较完整的工业体系和国民经济体系。围绕探索适合中国国情的社会主义建设道路，党取得了一些独创性理论成果。所有这些，为后来的新探索提供了物质基础和理论准备，创造了有利条件。

前事不忘，后事之师。正因为有“十年浩劫”这面镜子，我们后来的路才走得如此坚定和清醒——深刻认识到封闭僵化的老路不能走，也走不通；更深认识到“左”的危害，乃至特意把“要警惕右，但主要是防止‘左’”这句话写进党章，时刻警醒。

（2019 年 9 月）

历史虚无主义思潮浅析[①]

一

研究历史，不能回避历史虚无主义这一话题。

作为一种社会思潮，历史虚无主义一以贯之的实质是虚无历史，但在不同时期有不同表现。譬如，在民国初期突出表现为文化虚无主义，否定中华优秀传统文化，宣扬“全盘西化论”。也有人认为，十年动乱时期“四人帮”搞影射史学，把一部好端端的党史、革命史歪曲、虚化成所谓路线斗争史（炮制老干部 = 民主派 = 走资派），把中国几千年文明史说成是一部儒法斗争史，是十分典型的历史虚无主义。笔者以为，这是“左”的错误倾向的表现，而我们今天所说的历史虚无主义主要指右的错误倾向，特指改革开放之后兴起的错误思潮，其要害是否定四项基本原则，重点是否定中国共产党的领导和我国社会主义制度。警惕和抵制历史虚无主义的影响，首先要把概念搞清楚，避免泛化。

近几十年来，历史虚无主义思潮屡遭批驳，但一直没有归于沉寂，仍不时兴风作浪。出现这一现象绝非偶然，与世情、国情、党情的深刻变化有着紧密关联。

---

① 拙文《历史虚无主义思潮的产生背景、主要特征及其危害》，载《史学理论研究》2019 年第 3 期。本文据此改写，标题为新拟。

从世情的变化看，苏东剧变后，世界社会主义运动骤然陷入低谷。西方世界因不战而胜而洋洋自得，有人甚至抛出“历史终结论”。中国作为当今世界唯一的社会主义大国，必然树大招风。基于国体与意识形态的本质区别，美国等西方国家继续不遗余力地对华实施“西化”战略，试图使中国改旗易帜，上演“和平演变”这一幕。中国坚定不移走自己选择的发展道路，综合国力不断提升，改变了旧的世界格局和力量对比。西方心有不甘，以致冷战思维抬头，处心积虑地遏制中国，蓄意给中国制造麻烦。在意识形态领域加紧渗透、在传播历史虚无主义言论上做幕后推手，便是其手段之一。

从国情的变化看，随着我国对外开放力度不断加大，不可避免地会与西方思想文化产生交流碰撞。1992年明确建立社会主义市场经济体制后，国内逐渐出现四个多样化，即社会经济成分、组织形式、就业方式、利益关系和分配形式多样化；随之伴生出其他显著变化，例如“80后”、“90后”年轻人主要在体制外就业，宣传思想工作对他（她）们的覆盖与影响相对有限。人们思想活动的独立性、选择性、多变性、差异性日趋增强，用一元化指导思想统领多样化社会思潮的难度增大。随着信息化迅猛发展，互联网成为信息传播的重要平台，微信、微博等迅速普及。与报刊、广播、电视等传统媒体相比，新媒体具有一些新特点，诸如可以第一时间发声，信息传播异常迅疾；新媒体也是自媒体，人人可以随时随地发声，且身份隐秘；网友可以实时互动，围绕同一个话题各抒己见。这客观上进一步加大了遏制噪音杂音的难度。

从党情的变化看，中国共产党面临“四大考验”（执政、改革开放、市场经济、外部环境），须规避“四种危险”（精神懈怠、能力不足、脱离群众、消极腐败），同时党员总数及青年党员人数持续增加，管党治党的压力有增无减，党风廉政建设和反腐败斗争的形势十分复杂严峻。中国共产党始终走在时代前列，高度重视自身建设。但在中共十八大之前，管党治党客观上存在宽松软的一面，党内不正之风和腐败现象未能得到有效治理，以致在某些地方和部门出现“塌方式腐败”“系统性腐败”或“家族式腐败”。有人欲借此发泄对现实的不满情绪，但又不敢公然否定写入宪法、作为我们立国之本的四项基本原则，于是便借历史这杯陈酒来浇胸中块垒，含沙射影转弯抹角地攻击和否定党的领导。而有些官员面对错误言论态度暧昧，搞爱惜羽毛那一套，反击不力。

概括地说，历史虚无主义思潮的产生与发展有着深刻的社会根源。西方遏制中国发展的态度不会改变，世情、国情、党情还会继续发生变化，各种不确定不稳定因素依然存在甚或增加。因此，我们与历史虚无主义的交锋将是长期的。

二

近几十年的历史虚无主义言论林林总总，所挑起的话题不尽相同，但其主要特征总体上并无变化，大致可归纳为以下几点：

（一）从谈论话题看，主要集中在中国近代史、中华人民共和国史、中共党史，其特点是否定唯物史观，否定马克思主义的社会形态理论，对相关历史作错误解读，提出颠覆性结论，把原本轮廓清晰、主线明确的历史虚无化模糊化。

（二）从人员构成看，谈论者大多是学术圈子之外的人；即便属于学术界，也以非历史专业的学者居多。在谈及历史时往往以点带面、以偏概全，甚至信口开河。历史学是一门严谨的学问，以求真求实为第一要务，大凡受过严格训练的专业学者，无不重视爬梳史料、考订史实，言必有据，有一份材料说一分话，通常不会讲出那些不靠谱不着调的话。

（三）从言论实质看，表面上在谈论历史，实际上关注的是现实；貌似学术话题，落脚点却是现实政治，纯属借题发挥、指桑骂槐。其形式以短论、杂谈居多，而不是正规的论文或专著，与学术研究根本不沾边，几乎谈不上什么学术性。

（四）从传播途径看，起初为报刊、讲坛、沙龙，后来让位互联网，微信、微博、博客、贴吧、论坛等成为主要平台。网络空间的虚拟性、网民身份的隐匿性，使一些人在言谈时无所顾忌。其相同点是言语偏激，通常语出惊人，乍一发表便引起围观，众人七嘴八舌，迅速形成舆论场。

以中国近代史为例，在香港回归前夕，有人妄言，鸦片战争一声炮响给中国送来了近代文明；香港被殖民一百多年才有今天的繁荣，以中国之大，至少要被殖民 300 年。为近代中国没有从半殖民地沦为殖民地大呼遗憾，这是哪门子逻辑？还有人谈到具体细节，说近代开辟租界是中方主动提出的，不少中国人对租界印象不错云云。血腥罪恶的帝国主义侵华史，竟然被描述成田园诗般温情脉脉的西方文明输入史。需要指出的是，基于对“西方中心论”的反思，西方学界兴起全球史研究。这对国内的晚清史研究产生影响，有助于我们拓宽研究视野，但仍须加以辨析。对落后国家来说，融入全球化、走向现代化是大势所趋，愿景很诱人，但过程很曲折，代价巨大。譬如，中国国门是在清道光年间被西方列强用坚船利炮强行打开的，中国融入全球化是被迫、被动的，是逐步陷入半殖民地深渊的令人痛彻心扉的过程。从世界范围看，血腥的海外殖民掠夺、可耻的贩卖黑奴勾当，乃至20世纪两次世界大战的爆发，哪一幕不是罪恶昭彰？西方资本主义国家主导的全球化绝非单纯的文明输出，并不光彩。

评说历史必然涉及对历史人物的评价。史学界过去在人物研究上存在脸谱化、简单化偏向，对正面人物一味美化，对反面人物大肆口诛笔伐，说了不少过头话。中共十一届三中全会后，史学界努力肃清极左思潮影响，做了大量纠偏的工作。然而，有人却揪住过去“左”的观点不放，以“还原历史真相”的名义大搞“翻案”，抛弃马克思主义阶级分析方法，大谈抽象的人性，明显矫枉过正。全盘否定洪秀全、一味赞美曾国藩便是一例。再如，袁世凯复辟帝制是倒行逆施、神人共愤之举，而电视连续剧《走向共和》的编剧在回答网友提问时，称袁世凯是他个人特别喜欢的一个人物，赞许袁氏“是一个大才”，对“窃国大盗”说不以为然，认为“窃国”二字用得不科学，“怎么能把国家给偷了呢”？这实在令人无语。晚清维新思想家谭嗣同在《仁学》中精辟指出：“二千年来之政，秦政也，皆大盗也。”说得再清楚不过了。

近些年社会上出现的“民国热”也有类似偏向。网络上津津乐道民国时期大学教授、社会名流的所谓“自由风范”“独立精神”“风骨”，称为“民国范儿”。有个段子被添枝加叶反复炒作，说安徽大学校长刘文典教授因学潮与蒋介石发生言语乃至肢体冲突，在挨了耳光后反踢蒋介石腹部，最终只是换个地方教书。某网站刊发文章，标题赫然为“蒋介石为什么对学者做到‘打不还手骂不还口’？”蒋介石政权血腥的白色恐怖与特务政治，包括暗杀李公朴、闻一多教授的暴行，居然在轻描淡写间被一笔勾销，而“礼贤下士”“延揽人才”的光环却被无休止放大。有人甚至一本正经地发问：1949 年之后，中国为什么出不了学术大师？其弦外之音不言而喻。民国时期特别是“十年黄金期”的社会发展成绩同样被片面夸大。论者对官僚买办资本戕害、挤压民族企业的事实闭口不提，却将 1927 年至 1937 年间一些民族资本家致力于实业救国、在夹缝中谋发展所取得的业绩一股脑儿归功于南京国民政府。试问，如果民国果真这么好，那中国共产党领导革命、建立新中国的依据和意义何在？难怪有人说革命是“多余”的，渲染革命的所谓“破坏性”，要“告别革命”。这难道是对历史的正确解读吗？

革命与改良之争是清末民初的老话题，本无新意，况且在理论与实践两个层面上，历史早已给出正确答案。围绕如何使中国摆脱积弱积贫之困境，当时的知识界和各种政治力量提出了不同方案。实业救国、教育救国、乡村建设等改良方案具有积极意义，但终究属于补苴罅漏，只看到病象、不触及病根。1930 年 4 月，胡适在《新月》月刊第 2 卷第 10 期发表《我们走哪条路》一文，提出“五鬼闹中华”说，认为“要铲除打倒的是贫穷、疾病、愚昧、贪污、扰乱五大仇敌”，惟有用教育才能将之消灭。此说当时就遭人诟病。陶行知揶揄胡适，说他将帝国主义之侵略武断地一笔勾销，“捉着五个小鬼，放走了一个大妖精”，可谓一针见血。在关于中国社会性质问题的大论战中，中共领导下的左翼学者在《新思潮》杂志刊文，正确指出中国现阶段既不是封建社会，也不是资本主义社会，而是半殖民地半封建社会。很显然，要从根本上改变中国现状，必须致力于反帝反封建。当时只有中国共产党看清这一历史逻辑，明确提出反帝反封建的政治纲领，并为之不懈奋斗。在狱中写就的《可爱的中国》中，方志敏把祖国喻为“生育我们的母亲”，谴责帝国主义践踏中国主权、欺侮中国人民的种种罪行，为江山破碎、国弊民穷而痛心疾首，指出欲求民族之独立解放，决不是哀告、跪求、哭泣所能济事，必须进行神圣的民族革命战争，把帝国主义打出中国去，“这才是中国唯一的出路，也是我们救母亲的唯一方法”；坚信中华民族必能从战斗中获救、有个光明前途，坚信“中国的面貌将会被我们改造一新”。“为有牺牲多壮志，敢叫日月换新天。”历史证明，中国革命是时势逼出来的正确选择、首要选择，不是可有可无，不是说“告别”就可以告别的，是不以个人意志为转移的。

1949 年新中国成立后的历史属于当代史，更加敏感。有人将改革开放前后的历史割裂开来、对立起来，用改革开放后的历史时期否定改革开放前的历史时期，或者用改革开放前的历史时期否定改革开放后的历史时期。这显然是错误的。这两段历史固然有重大区别，但本质上是前后衔接、不可分割的，共同构成中国共产党带领人民艰辛探索砥砺前行、致力于实现中华民族伟大复兴的历史。

改革开放至今的历史波澜壮阔、可歌可泣。恶意抹黑这段历史的声音主要有两种，一是否定我们走的是社会主义道路，二是散布“中国崩溃论”。中国是当今世界最大的社会主义国家。“中国特色社会主义”是个完整概念，“社会主义”这四个字是定性的。我们仅用几十年时间就走完西方国家二三百年才走完的发展历程，其根本原因之一，在于发挥了社会主义制度的优越性。倘若我们真是在搞资本主义，中国就绝无可能取得今天的发展成就，相反，必然招致灾难性后果。这层意思，邓小平早就讲清楚了。“中国崩溃论”同样是西方炮制的，更接近或直接反映了西方的真实心态，无非是说我们没有照搬西方那套政治制度，迟早会“崩溃”。但事实胜于雄辩，新中国成立70年特别是改革开放以来，无论从哪个方面看，当代中国都是在持续发展进步，并且发展得越来越好，而不是停滞，更不是倒退。说中国“崩溃”，无异于睁眼说瞎话。

三

国内发表历史虚无主义言论的人是否都是蓄意反党反社会主义？显然不能一概而论。要具体情况具体分析，注意区分政治原则问题、思想认识问题、学术观点问题，把握好尺度和分寸。不过，这类言论随意涂抹、肢解历史，甚至或明或暗地挑战四项基本原则，确实触犯了底线，决不能等闲视之。历史虚无主义思潮危害极大，突出体现在三个方面。

（一）传播错误的历史观，颠覆了历史，否定了现实

这是最大的危害，从根本上否定中国共产党的领导，否定中国特色社会主义道路，属于釜底抽薪。

改革开放对中国学术研究来说也是一个重大转折。思想解放的推进，研究禁区的突破，日益开放的对外学术交流，新研究领域的开辟，新资料的整理出版，使历史研究异常活跃，气象万千。以现代化历程为视角来阐释中国近代史便是一例，客观上丰富和深化了我们对历史的认识——使中国摆脱积弱积贫状况，走向现代化，这当然是一种进步取向。不过，革命史、现代化史这两条线索并非截然对立，而是相辅相成的：现代化为中国革命提供了物质条件、酝酿了阶级基础，革命则是中国迈向现代化的必要前提。在处于半殖民地半封建社会的近代中国，要实现国家富强、民族振兴、人民幸福，首先必须实现国家统一、民族独立、人民解放，也就是进行中国共产党领导的新民主主义革命。否则，现代化终将是镜花水月，正所谓“皮之不存，毛将焉附”。说到底，反帝反封建是中国近代史的主线，这是无可置疑的。因此，坚持中国共产党的领导，坚持走社会主义道路，这是中国历史发展的必然选择。倘若按照历史虚无主义的逻辑，随意肢解、歪曲历史，否定鸦片战争以来中国历史发展的主线，否定中国革命的正义性、必要性，也就否定了中国共产党执政的合法性。这岂不是历史的大颠倒？

中国共产党是执政党，否定党的领导，也就否定了新中国的历史。现代化绝不等同于西化，近代如此，当代亦如此。我们得出历史结论，强调中国共产党领导是中国特色社会主义最本质的特征，是中国特色社会主义制度的最大优势。而西方却把这说成是我们的最大“缺陷”，有意识地宣传所谓“普世价值”，大肆攻击我国政治制度，说我们是一党制，不民主。国内也有人无视党的执政成就，无视党在从严管党治党上所作的努力、所取得的成效，片面地以党内存在腐败现象和不正之风为由，肆意诋毁、否定党的领导。在谈到中共党史时，历史虚无主义者的言论十分露骨。早先是以海外为中心，以书刊形式，大肆攻击污蔑毛泽东、周恩来等党的领袖和开国元勋，如曾在中南海做过保健医生的李某在美国出版回忆录，充斥了捏造和谎言。近些年又有新变化，国内互联网上的噪音杂音增多，人民爱戴的党的领袖继续遭到诋毁，各个时期具有标志意义的人民英雄也被恶搞、嘲讽。譬如，有人胡诌一气，说张思德是“烧鸦片时窑塌致死”，抗日英雄群体“狼牙山五壮士”跳崖实际上是“溜崖”，刘胡兰“精神有问题”，董存瑞舍身炸碉堡纯属“虚构”，黄继光堵枪口是因为“摔倒”，邱少云在潜伏中烈火烧身纹丝不动“违背生理学”，雷锋是“自拍狂魔”、日记“造假”，等等。如此诽谤英雄、颠覆英雄形象，是对民族共同记忆、民族精神的亵渎和侵犯，是在肆意抹黑中共党史、中华人民共和国史。中央电视台某节目主持人在酒宴上轻佻放肆地辱骂毛泽东主席这令人瞠目结舌的一幕，正是在这种舆论氛围下发生的。历史虚无主义思潮的影响与危害，于此可见一斑。法院就“狼牙山五壮士”等名誉侵权案作出公正判决，捍卫了法律的尊严，也捍卫了历史的尊严。

中国共产党是中国道路的设计者和领路人，否定党的领导，也就否定了中国道路。道路决定命运。中国特色社会主义是党和人民历尽千辛万苦、付出巨大代价取得的根本成就，是实现中华民族伟大复兴的必由之路。中国道路还具有世界意义，说明广大发展中国家完全可以找到一条不同于西方、适合自己国情的发展道路，从而为缩小南北差异、解决发展不平衡这一全球性难题，贡献了中国智慧、中国方案。历史与现实充分说明，中国特色社会主义是人间正道，除此之外，中国走老路、邪路都是死路一条。

忘记历史就意味着背叛，歪曲、扭曲历史则是十足的背叛和亵渎。不敬畏历史，不珍惜当下，我们就没有未来，好不容易攒下的家底就会毁于一旦。苏东剧变的惨痛历史正印证了这一点。苏联解体十年后，两位俄罗斯学者专门写书进行反思，名曰《第三次世界大战——信息心理战》，分析西方如何以信息为武器进行渗透，对苏联展开心理战，通过抹黑苏共历史在意识形态领域撕开缺口，最终操纵了公众意识，导致苏联走向自我毁灭。前事不忘，后事之师。我国是拥有 14 亿人口的发展中大国，中国共产党是拥有 8900 余万名党员的执政党，这样一个大国大党，人心一旦散乱，势必自乱阵脚，就会出大事。全国一盘棋、集中力量办大事是我国突出的政治优势，而要保持这一优势，就必须统一思想、凝聚共识，就必须坚决抵御历史虚无主义思潮，在全社会树立正确的历史观。历史自信是文化自信的题中应有之意。近一百年来，一代代中国共产党人壮怀激烈慷慨高歌，带领人民不懈探索与奋斗，继走出中国革命新路后，又成功开辟并拓展了中国特色社会主义这条新路，进而从根本上改变了国家、民族和人民的前途命运，近代以来历经磨难的中华民族迎来从站起来、富起来到强起来的伟大飞跃。“青山遮不住，毕竟东流去。”事实胜于雄辩，历史不容歪曲。对于这段峥嵘岁月、光辉历史，我们要怀有敬畏之心。正如习近平同志在庆祝中国共产党成立 95 周年大会上所说：“一切向前走，都不能忘记走过的路；走得再远、走到再辉煌的未来，也不能忘记走过的过去，不能忘记为什么出发。”

（二）严重扭曲了价值观

史家记述历史，必然臧否人物，须分辨是非曲直。这是中国史学的一个优秀传统。世传孔子编《春秋》，就讲究微言大义，寓褒贬于行文叙事中，即所谓“《春秋》笔法”。孟子遂有“孔子成《春秋》，而乱臣贼子惧”一说。成语流芳百世、盖棺论定云云，说的都是这个意思。历史观涉及对是非、正邪、善恶、进步与落后的评判，与价值观密不可分。有什么样的历史观，就有什么样的价值观。历史虚无主义言论从学术层面讲是肤浅的，历史观是错误的，因而价值观是颠倒错乱的。否定历史发展的主线、主流、主旋律，颠倒是非、正邪、善恶、荣辱，就会使人失去对历史的敬畏之心，不知鉴戒，导致价值观扭曲。价值观一旦混乱，必然做事没有底线，为满足私欲不择手段。为官者如此，就会利令智昏，成为两面人，置党纪国法于不顾，弃党性原则如敝屣，以致集政治上变质、经济上贪婪、道德上堕落、生活上腐化于一身，行为龌龊，进而严重污染政治生态、败坏社会风气。时下社会上有些人的价值观很庸俗功利，判断一个人是否成功，主要看两点：做多大官，有多少钱，而不问官是怎么当上的，当得如何；钱是怎么得来的，又是怎么花的。“我爸是李刚”的段子，以及某对富豪父子被一些网民戏称为“国民公公”“国民女婿”，都反映了这种心态。社会上一旦崇拜或追逐权力、金钱的人多了，道德失范、诚信缺失现象就会滋蔓，乃至黄赌毒屡禁不止。一言以蔽之，历史虚无主义思潮一旦泛滥，就会消磨我们的意志，瓦解我们的精神，腐蚀我们的灵魂。

新中国成立 70 年来，我们之所以能攻坚克难砥砺前行，不断铸造辉煌，其中一个重要因素，就在于党和人民有好的精神面貌，有崇高的价值追求，有理想信念作为支撑。1980 年 12 月，即改革开放之初，邓小平在中共中央工作会议上引述毛泽东“人是要有一点精神的”一语，强调全党要学习和培养大公无私、服从大局、艰苦奋斗、廉洁奉公等精神，并把这些精神推广到全体人民、全体青少年中间去，使之成为中华人民共和国的精神文明的主要支柱。中共十九大报告郑重指出：“社会主义核心价值观是当代中国精神的集中体现，凝结着全体人民共同的价值追求。”在新时代走好新的长征路，必须牢牢掌握意识形态领域的主导权和话语权，继续大力培育和践行社会主义核心价值观。要重视在青年特别是青年党员中加强中国近代史、中华人民共和国史、中共党史的学习教育，铭记党和人民的伟大奋斗史，倡立正确历史观，传承红色基因。

（三）严重败坏了学风

如果说戏说历史类电视连续剧在剧情上无厘头、在典章制度等方面经不起推敲多少情有可原，那么，所谓正剧也出现大量硬伤就说不过去了。例如，太平天国在定都初期推行隔绝男女政策，即便是夫妻同居也是死罪，而长篇电视连续剧《太平天国》却穿插了许多谈情说爱情节；该剧在公映前的宣传海报甚至以“江山如画，美女如云”为题，当时就引起哗然。再如，时下一些博士学位论文在立论、知识点上存在硬伤，甚至有一些句读错误、错别字，连表述都磕磕绊绊。凡此种种，与随意肢解、涂抹历史之风大作不无关系。率尔操觚、不求甚解、胆大心粗，是两者的共同特征。

譬如，南方某中文系教授在2000年出版《太平杂说》一书，严厉指斥洪秀全和太平天国。作者承认该书仅是“一个写历史题材的散文集”，同时却又自诩该书揭开了太平天国“被冷藏的真相”。作者倡议“隔行论史”，表示“不能论或不想论就短说，杂谈，七嘴八舌”，认为“这对激活学术，大有裨益”。历史是面镜子，读史使人明智，大众关注、评论历史值得鼓励和提倡，但必须以正确的历史观为引导，否则有害无益。至于说短说、杂谈能起到“激活学术”的作用，未免言过其实。求真求实是历史研究的首要前提，论从史出是必须遵循的基本原则。既然是论史，即便做不到充分占有资料、缜密考订史实，至少也得掌握最基本的史料与史实，大体了解史学史和学界最新研究动态。倘若仅读一点史料就贸然下结论，并且先有结论再拼凑史实作为依据，甚至在叙述史实时存在硬伤，所谓论史岂不等同于文字游戏？又有何严肃性、科学性可言？例如，曾国藩为了向清廷邀功，在奏折中捏称洪秀全是在官军猛攻南京时“服毒而死”。《太平杂说》不加分析地信以为真，讥讽洪秀全“在五十岁的盛年服毒自杀”，全书重复此说达十次之多。

其实，王庆成先生《稀见清世史料并考释》一书先于《太平杂说》出版，辑录了洪秀全长子幼天王洪天贵福被俘后的多份供词（台北“故宫博物院”收藏），明确交待洪秀全在城破前已卧床九日，是“病死”的。以杂说、戏说方式写翻案文章，片面追求轰动效应，语不惊人誓不休，这丝毫无助于推动学术进步，相反会混淆视听、败坏学风。此风可以休矣。学风绝非小事。毛泽东说过，学风和文风都是党风。

总之，对于历史虚无主义思潮，必须旗帜鲜明、理直气壮地加以抵御，及时予以解析。要因势利导，趋利避害。

历史学在当代大有可为[①]

习近平总书记关于历史科学的重要论述，就如何认识历史、研究历史，如何以史为鉴，更好地把握当下、走向未来，作了深刻阐述，充分体现了唯物史观的精髓，闪耀着马克思主义思想的光辉，是习近平新时代中国特色社会主义思想的有机组成部分，为我们在新时代开展历史研究、繁荣发展历史科学提供了基本遵循。

党的总书记如此频繁、集中、系统地论述历史科学，这在改革开放至今的历史上极为罕见；在党中央直接关心、筹划下成立国家级的专门的历史研究机构——中国历史研究院，习近平总书记作为党的领袖发来贺信，这在党的历史和新中国历史上都还是第一次。这些都说明历史研究在新时代受到空前重视，享有前所未有的发展机遇，肩负着更为重要的使命，发挥着不可替代的作用。我们要认真学习贯彻习近平总书记关于历史科学的系列重要论述，抓住机遇，奋发有为，不辱使命。这里简要谈三点学习体会。

一是要在全社会积极引导人们树立正确的历史观。

今年是中华人民共和国成立 70 周年。新中国成立给历史学

---

① 2019 年 8 月 26 日，学习习近平总书记关于历史科学重要论述理论研讨会在北京人民大会堂召开。该文系笔者在此次研讨会上的发言稿，原题《新时代是历史学可以也必须大有作为的时代》。

带来的最大变化，是明确了唯物史观的指导地位，确立了人民的主体地位，澄清了若干重大理论问题，尤其是科学解答了历史学为谁著书立说这一根本性、原则性问题，进而为研究工作树立了正确导向。

学术导向是个大问题，与政治方向、价值取向是连在一起的。中华民族伟大复兴是近代以来中华民族最伟大的梦想；中国特色社会主义是党和人民历尽千辛万苦、付出巨大代价取得的根本成就，是实现中华民族伟大复兴的必由之路；党的领导是中国特色社会主义最本质的特征，是中国特色社会主义制度的最大优势——以上这些，是我们回顾总结鸦片战争至今近180年历史得出的必然结论。中国特色社会主义是个完整概念，所谓“中国特色”，指具有中国特点、切合中国国情、符合历史发展逻辑。习近平总书记明确指出，“当代中国是历史中国的延续和发展”；“一切向前走，都不能忘记走过的路；走得再远、走到再辉煌的未来，也不能忘记走过的过去，不能忘记为什么出发。”目前，我国发展正处在关键节点上，全党全体人民坚定中国特色社会主义道路自信、理论自信、制度自信、文化自信显得至关紧要，而这四个自信，都与科学、正确地解读历史紧密关联。说到底，这是涉及举什么旗、走什么路的大问题。事实胜于雄辩，历史不容歪曲。史学工作者要自觉抵御历史虚无主义错误思潮，积极引导人们树立正确的历史观。

二是重视总结历史的经验教训，为当代中国发展进步提供智力支持。

重视吸取历史经验是我们党的一个好传统。郭沫若写《甲申三百年祭》，毛泽东同志十分赞赏，将该文作为延安整风文件看待，便是一个例证。今天，继续推进我们的事业、解决好我们在前进中遇到的诸多问题，需要以史为鉴，汲取我国古代治国理政的经验和智慧；需要树立世界眼光，学习和借鉴人类文明的一切优秀成果。当代史学若想具有生命力、体现影响力，就必须顺应时代需要，有意识地加强历史与现实的对话，积极回应重大理论与现实问题，多做一些建设性、创新性研究，力戒那种选题无足轻重、搞繁琐考证、范围狭窄、内容空洞的学究式学院式研究。司马迁写《史记》，司马光著《资治通鉴》，都具有鲜明的现实关怀。北宋大儒张载有句名言："为天地立心，为生民立命，为往圣继绝学，为万世开太平。"身处新时代，我们的胸襟应当不比古人逊色，应当比古人更加开阔。

历史理论研究所是中国历史研究院唯一新建的研究所，我们力求在学科设置上打通古今中外，注重大历史、长时段研究，体现了习近平总书记所说的"不忘本来、吸收外来、面向未来"理念。

三是加快构建中国特色历史学学科体系、学术体系、话语体系。

目前，我国经济总量稳居世界第二，我国日益走近世界舞台中央，为维护世界和平、促进共同发展作出了巨大贡献，而历史学的发展总体上与我国综合国力和国际地位还不太相称。对于西方的后现代主义史学、公民社会理论以及新清史、全球史研究等，我们要有鉴别，决不能被别人牵着鼻子走，决不能邯郸学步、鹦鹉学舌。特别是中国史研究，其学术根基、学术中心理应在中国。我们要有这种自信、底气和气魄，要主动引领学术潮流、推进学术创新，积极掌握学术话语权。举例来说，历史理论所研究外国史学理论与史学史、中国史学理论与史学史，是为了兼收并蓄、博采众长，旨在洋为中用、古为今用，致力于丰富和发展当代中国的马克思主义历史理论。

构建中国特色历史学学科体系、学术体系、话语体系是一项光荣而又艰巨的任务，意义重大而又深远。中国历史研究院中国历史学学科体系学术体系话语体系研究中心设在历史理论研究所。让我们携手同行，共同努力，为推进中国历史学“三大体系”建设，为大力彰显历史学的中国特色、中国风格、中国气派，作出应有的贡献。

历史理论学科与人才队伍建设刍议①

历史理论研究所是中国社会科学院最年轻的研究所，建所才半年时间——今年1月4日院党组宣布人事任命；1月15日院人事局向我宣读相关文件，明确本所具体的机构设置，建所工作正式启动。

下面，我就历史理论研究所学科与人才队伍建设情况，从四个方面作一简要陈述，谈点不成熟的思考，请大家指教。

一、学科设置

本所下设9个研究室。这是习近平同志亲自审定、中央批准的方案，不存在优化、调整学科布局的问题。我们要做的，就是不折不扣地按照预定方案，做好建所工作。

按照文件的排序，9个研究室分别是：马克思主义历史理论研究室，历史思潮研究室（理论写作组），中国史学理论与史学史研究室，外国史学理论与史学史研究室，国家治理史研究室，中华文明史研究室，中国通史研究室，中外文明比较研究室，海外中国学研究室。

---

① 2019年7月15日，笔者在中国社会科学院暑期专题研讨班历史学部发言，谈历史理论研究所学科与人才队伍建设情况。该文据发言提纲整理，标题为新拟。

为什么这样设置？首先要把这个问题想明白，这样建所才有针对性，避免走弯路。

马克思主义历史理论研究室，历史思潮研究室（理论写作组），中国史学理论与史学史研究室，外国史学理论与史学史研究室，这4个研究室都有“理论”二字，构成历史理论研究所的主干。

马克思主义历史理论研究室排列第一，是学科建设的重中之重。眼下，历史理论研究明显弱化，研究越来越细化、注重实证研究，缺乏宏观的理论思考、理论解读，小处着手与大处着眼结合得不好，研究呈现“碎片化”，历史虚无主义错误思潮时有表现。以当代中国的马克思主义——习近平新时代中国特色社会主义思想为指导，加强马克思主义历史理论研究，加强理论层面的思考和研究，引导人们树立正确的历史观，便显得尤为重要和紧迫。

关注历史思潮，及时就当下人们对历史的理解与认识作出回应，释疑解惑，正本清源。这是历史思潮研究室（理论写作组）的职责。

我们研究史学理论，旨在洋为中用、古为今用，是为了推陈出新，致力于丰富和发展当代中国的马克思主义历史理论。这是设置外国史学理论与史学史研究室、中国史学理论与史学史研究室的初衷。

其余5个研究室，侧重为今天的治国理政，为今天的发展与建设，提供历史智慧、学术支持。如国家治理史研究室，要为今天的国家治理提供历史借鉴；中外文明比较研究室，要讲清楚中外文明的异同；中国通史研究室、中华文明史研究室，要搞明白中国历史、中华文明的精髓，揭示其发展的内在逻辑，以增强我们的文化自信。

以上9个研究室的设置，体现了本所的学科特点：纠正过去研究碎片化、条块分割的偏向，打通古今中外，侧重对历史进行理论解读，注重大历史、长时段研究。这也是以前本院历史学部各研究所从未有过的学科设置。

基于这一学科布局，要争取做到“两个相结合”：基础理论研究与应用对策研究相结合，历史研究与现实问题研究相结合。

习近平同志在致中国历史研究院成立的贺信中，希望历史研究工作者“总结历史经验，揭示历史规律，把握历史趋势，加快构建中国特色历史学学科体系、学术体系、话语体系”，“立时代之潮头，通古今之变化，发思想之先声”，充分发挥鉴古知今、资政育人作用。本所是中国历史研究院唯一新建的研究所，是为了适应这种要求成立的。

一句话，本所要为加快构建中国历史学“三大体系”服务，为新时代坚持和发展中国特色社会主义服务，为坚定“四个自信”服务。

院领导表示，历史理论研究所是中国历史研究院的“一面旗帜”，也主要是从本所应当发挥的作用、应当体现的功能这个角度说的。

二、学科发展、研究队伍现状

本所建所，基本队伍由三个研究所的三个研究室整合而成，分别是近代史研究所的马克思主义史学理论与文化史研究室，古代史研究所的马克思主义史学理论与史学史研究室，世界历史研究所的唯物史观与外国史学理论研究室。按照研究方向，整建制分别转为本所的马克思主义历史理论研究室，中国史学理论与史学史研究室，外国史学理论与史学史研究室，是本所的重点学科。三个研究室，研究人员分别为 6 人、4 人、7 人，合计 17 人。

9 个研究室，目前建成 3 个研究室，占三分之一。

本所核定财政补助事业编制 80 人。除了综合处 6 人，以及行政副所长岗位（暂缺），研究（业务）岗位应为 73 人左右。现有研究人员 21 人（包括“双肩挑”的所领导班子成员等），还不到三分之一。

本所的学科设置及发展水平，在国内具有特色和优势，体现在：

（一）成立专门的历史理论研究所，编制 80 人。这在全国是独一无二的，将来也不会出现第二家。

（二）三个研究所的三个研究室，均有较深的学术积淀，有传统，有影响。如古代史研究所的那个研究室是在著名历史学家侯外庐、尹达等前辈的关心指导下发展起来的，编有学术集刊《理论与史学》。近代史研究所的史学理论研究在学界很有影响，黎澍先生著有《马克思主义与中国革命》，蒋大椿先生著有《唯物史观与史学》；世界历史研究所原所长于沛先生，本人就是搞史学理论研究的。现在把这三个所的三个研究室整合在一块，实现三个研究领域的融通，这在全国同样是独一无二的，是本所的优势和特色。

（三）本所建所方案由中央亲自审定。9 个研究室就是 9 个学科，这一学科设置具有创新意义；尤其是历史思潮研究室、国家治理史研究室，均属于新兴学科，具有示范意义。

三、存在的主要问题

建所工作眼下正紧锣密鼓地进行。要实现预设的建所目标，存在不少问题，面临很大挑战。核心问题是人才队伍建设。学科建设与人才队伍建设密不可分，学科靠人来建设——研究队伍形成一定规模，有多位有成就有影响的学者作为学术带头人或骨干，学科建设才有依托，否则就会落空。

本所学科与人才队伍建设最大的瓶颈是研究队伍萎缩，且青黄不接。

原先三个所的三个研究室，都不同程度地存在这个问题。如果不是早些年本院按照中央精神实施马克思主义理论研究和建设工程，要求各相关研究所设立马克思主义史学理论研究室，可能萎缩得更厉害，甚至连最后的班底也没有了。古代史研究所的那个研究室不稳定，1994 年被并入思想史研究室，2002 年成立历史文献学与史学史研究室，2010 年改为马克思主义史学理论与史学史研究室，转入历史理论研究所时仅有 4 人（另有两人搞历史文献研究，没有并入新所）。近代史研究所的那个研究室，人全过来了，但仅有6人，且几乎没有一人搞史学理论研究，而是侧重文化史或专题史研究，研究室名曰“马克思主义史学理论与文化史研究室”，是个联合体。世界历史研究所的那个研究室也仅有7人，与鼎盛时期相比，人员减少、流失严重，且内有数人主要从事国别史研究（按：有3人在2019年末又调回世界历史研究所）。

这三部分人整合在一块组建历史理论研究所，依然具有优势——国内没有别的研究单位或高校，能同时拥有这三个领域的研究人员。但是，如果分开来进行比较，外国史学理论与史学史研究室可能仍具有一定的优势；其他两个研究室与北京师范大学史学理论与史学史研究中心等相比，并没有优势可言。

本所学科和人才队伍建设存在的第二个主要问题，是现有研究人员的研究方向、知识结构，与9个研究室的设置相脱节、有距离。

现有21名研究人员中，有接近一半的人原先并不从事史学理论与史学史研究。我本人就属于这种情况。原先从事相关研究的另一半人，从总体上分析，也存在短板：

（一）主要侧重史学史研究，史学理论研究相对较弱；

（二）主要侧重历史研究，对现实不太关注；

（三）只会讲老话（唯物史观），不会讲新话（马克思主义中国化最新成果），甚至是老话讲不好，新话不会讲；

（四）历史思潮研究室、国家治理史研究室是新设的，没有学术积累。

以上归纳、分析的4种情况，并不是本所独有，而是从全国范围讲带有普遍性的问题。

缺乏学科发展的平台，是本所又一大突出短板。本所新建，一切从零开始，一开始连公章都没有，更谈不上家底。目前，新成立的中国历史研究院中国历史学学科体系学术体系话语体系研究中心设在本所，是本所唯一一个非实体研究中心；世界历史研究所的《史学理论研究》转为本所所刊，是本所唯一一份学术刊物。本所没有任何挂靠的社团（学会）。图书馆、资料室是空白。网站、国情调研基地之类，还在筹建中。

四、解决措施及相关思考

针对建所中亟待解决的研究人员不足、专业人才不足问题，我们采取的主要举措是招聘，面向应届毕业的博士生、出站的博士后、留学归国人员，以及符合人才引进条件的专业人才。

从今年 3 月至今，我们按照程序，先后进行了两轮招聘。有百余人报名应聘，其中不乏优秀人才。我一开始就强调，进人不是“拉壮丁”，不能一味追求扩充数量，应首重质量，宁缺毋滥。招聘的最终结果不很理想，体现在两方面：一是来应聘的人，普遍存在前面分析的一些短板，在研究方向、知识结构上与本所 9 个研究室设置相吻合的人比较少，研究领域太窄、太专，理论素养不够，能够让人感到眼前一亮的人绝少。二是最后上报到院里的拟录用人员被腰斩过半。第一轮，我们上报 5 人，最后只批了 2 人。本着宁缺毋滥原则，前后两轮，我们一共才上报 8 人（今年核准的进人名额是 15 人）。这一结果，客观上打乱了我们的建所节奏。

结合学科与人才队伍建设，年内要做的事情主要有以下六个方面：

（一）再搞一次招聘。将在最近进行，重点是人才引进，即引进已具有高级职称者。结果同样具有不确定性。

（二）在今年年底之前，完成9个研究室的组建工作。我们缺人，而招聘人必须走程序，整个程序走完，周期很长。我们第一批招聘的人员，到现在还没有正式报到。所以，急也急不起来，也不管用。但今年年底之前，必须全部完成9个研究室的组建工作。也就是说，除了已有的3个研究室，其余6个研究室都要有专人（实行所内人员流动），哪怕只有一个人，也是播下种子，标志着新设研究室的起步。已就新设研究室的干部人选，与所内人员逐一交谈，征求意见。“不在其位，不谋其政。”干部不到位，就没人担当和负责。初步设想是争取用3年时间，即2021年底，基本搭起9个研究室的框架，重点研究室的人员配置大体到位。

从职称上讲，本所目前有研究员10人、副研究员7人，在现有21名研究人员中占了大多数。

本所研究人员的年龄结构比较理想。目前，60岁以上者1人，50岁以上、60岁以下者3人，平均年龄约42岁，是一支年富力强的队伍。随着招聘工作的延续，这一特点将得到保持和增强。

（三）《史学理论研究》改刊。该刊是季刊。今年第三期是本所接手、编辑出版的第一期，目前已出清样。这一期将重点推出一组剖析历史虚无主义思潮的文章。着手明年将季刊改为双月刊，以顺应学科建设与发展的需要。

该刊原先没有专门的编辑部，由研究室人员兼职编稿。按照中央核准的方案，本所将专门新建一个编辑部。我们招聘时，编辑人员是单独系列，与研究人员分开招聘。第一轮招了一个，但最终未被批准；第二轮招聘，一个稍许符合条件的人也没有。组建编辑部受阻。

（四）设博士后流动站，创建历史理论系。要改变现有研究人员结构，适应学科设置的要求，推动研究梯队建设，自行培养人才是一个重要途径。在院人事局关心下，在本所设立博士后流动站已于最近获批。申请设立历史理论系的工作，5月下旬正式启动，受到研究生院（中国社会科学院大学）的重视。

（五）设立本所网站。在信息化时代，网站是研究所发展的一个重要平台。我们指定专人具体做这件事。但头绪多，程序多，涉及的专业知识多，事事求人，推进很慢。经费目前还没有着落。何时能如愿建成，不好说，不知道。

（六）搞好课题研究，举办学术会议、讲座。历史理论研究所要有使命感，努力成为本学科全国的龙头老大，引领全国的历史理论研究。课题研究、刊物、学术会议等是重要平台。《中国历代治理体系研究》是本所承担的中国历史研究院重大课题，课题组吸收了院外、京外的优秀学者。《史学理论研究》作为国内唯一的、有影响的史学理论研究学术刊物，将通过用稿树立导向。再就是主办国际性或全国性的学术会议，组办青年学术论坛。这里不细说了。

以上是年内要做的事。脚踏实地做好，就会推进工作。

从学科建设角度讲，有些问题不能回避，必须加以思考。

譬如，“历史理论”“史学理论”概念的异同、大小，目前看法并不一致。按照中央核定的建所方案，新建编辑部的名称为“《历史理论》编辑部”。但一打听，把《史学理论研究》改为《历史理论》，很费周折，周期很长，总不能为了改名而停刊吧。再如，本所9个研究室是否是并列的9个学科？“历史思潮”是否与“中国史学理论与史学史”并列，也是一个学科？又如，历史学“三大体系”建设涉及很大的概念和范畴，怎么建？大致需要多久？是否能立竿见影？等等。

我们一开始就明确了工作思路：一边建所，一边搞科研，两条腿走路。但人员不足、人才缺乏等问题非短时间能够解决。建所了，牌子挂起来了，并不代表立刻就能按照上级要求发挥应有的作用，两者之间存在很大距离。我们要做的，就是百倍努力，尽量缩小这个距离，缩短这个周期。

《史学理论研究》改刊“卷首语”[①]

本刊自创刊以来，在世界历史研究所几代学者共同努力下，成为国内唯一的、有权威性和影响力的史学理论研究学术刊物。

从本期起，《史学理论研究》正式成为新成立的历史理论研究所所刊，规格或层次提升了。我们正筹建编辑部（以前是研究室兼职编稿），并考虑适时把季刊改为双月刊。

这是一个新起点，承载着新要求，要有新气象。

一是大力推进理论研究，积极回应重大理论与现实问题。本所所名、本刊刊名均有“理论”二字。必须以当代中国的马克思主义——习近平新时代中国特色社会主义思想为指导，一如既往地坚持正确的政治方向、学术导向和价值取向，寻求思想性、理论性、学术性的高度统一，旗帜鲜明地抵御历史虚无主义等错误思潮，引导人们树立正确的历史观。当代中国正处在实现中华民族伟大复兴的关键时间节点上，本刊提倡重视马克思主义历史理论研究、关注历史思潮研究，具有现实关怀、体现创新意识，为新时代坚持和发展中国特色社会主义提供历史智慧、学术支持的文章，力戒那种选题无足轻重、搞繁琐论证、

① 自 2019 年第 3 期起，《史学理论研究》正式改为新成立的中国社会科学院（中国历史研究院）历史理论研究所所刊。本文系笔者作为主编以编辑部名义，为 2019 年第 3 期《史学理论研究》所写的“卷首语”。

内容空洞的学究式学院式文章。毛泽东同志说过，学风和文风都是党风。

二是为加快构建中国特色历史学学科体系、学术体系、话语体系鼓与呼。目前，我国经济总量稳居世界第二，我国日益走近世界舞台中央，为维护世界和平、促进共同发展作出巨大贡献，而历史学的发展总体上与我国综合国力和国际地位还不太相称。特别是中国史研究，其学术根基、学术中心理应在中国。我们要有这种自信、底气和气魄，要主动引领学术潮流，积极掌握学术话语权。说到底，我们研究外国史学理论与史学史、中国史学理论与史学史，旨在洋为中用、古为今用，是为了推陈出新，致力于丰富和发展马克思主义历史理论。我们决不能被别人牵着鼻子走，决不能邯郸学步、鹦鹉学舌，否则，相关研究就失去了应有意义。中国历史研究院中国历史学学科体系学术体系话语体系研究中心设在本所。本刊将在用稿上因势利导，为推进历史学“三大体系”建设鼓与呼，为大力彰显历史学的中国特色、中国风格、中国气派鼓与呼。

三是提倡贯通式、大历史、长时段研究。历史理论研究所是中国历史研究院唯一新建的研究所，也是唯一一个在学科设置上打通古今中外，注重大历史、长时段研究的研究所。按照中央核定的方案，本所下设九个研究室，分别是马克思主义历史理论研究室、中国史学理论与史学史研究室、外国史学理论与史学史研究室、历史思潮研究室（写作组），以及中国通史研究室、国家治理史研究室、中华文明史研究室、中外文明比较研究室、海外中国学研究室，正体现了这一学科特点，体现了“不忘本来、吸收外来、面向未来”理念，有助于克服研究“碎片化”、条块分割的偏向。本刊将相应开辟这九大领域的研究专栏，适时推出具有前沿性的研究成果。也就是说，本刊拟采用的论文，不再局限于过去狭义的史学理论或历史理论研究，涵盖范围更宽更广。

我们深知，实现上述办刊主旨，会遇到困难和挑战，需要进行探索与创新，需要时间和积累，不可能一帆风顺、一蹴而就。我们有如履薄冰之感。我们会奋然前行，并期待有您相伴。期待学界同仁的关心和参与，大家为办好刊物共同努力。

《中国历代治理体系研究》的主旨及要求①

围绕本课题做了一些思考，还不成熟。在这里作简要陈述，抛砖引玉，供大家讨论，以便统一思想。

先谈谈背景。6 年前召开的中国共产党十八届三中全会以全面深化改革为主题，总目标是完善和发展中国特色社会主义制度，推进国家治理体系和治理能力现代化，在党的历史上第一次提出“国家治理体系和治理能力现代化”这一命题。所谓国家治理体系，主要指党和国家治国理政的各项制度；所谓治理能力，主要指制度的执行力。

十余天前，即 2019 年 10 月末，党的十九届四中全会召开，审议通过《中共中央关于坚持和完善中国特色社会主义制度、推进国家治理体系和治理能力现代化若干重大问题的决定》，作了系统总结和部署。全会明确指出：“我国国家治理一切工作和活动都依照中国特色社会主义制度展开，我国国家治理体系和治理能力是中国特色社会主义制度及其执行能力的集中体现。”“我国国家制度和国家治理体系具有多方面的显著优势。”

① 《中国历代治理体系研究》系中国社会科学院中国历史研究院重大课题，笔者为主持人。课题组主要成员由中国社会科学院历史理论研究所、古代史研究所、中国边疆研究所、民族学与人类学研究所以及南开大学、中国人民大学的 12 名学者组成。该文据笔者 2019 年 11 月 11 日主持课题启动会议时的讲话提纲整理，标题为新拟。

今年是中华人民共和国成立和中国共产党执政70周年。推进国家治理体系和治理能力现代化，说到底是提高党的执政能力。现在，我国发展正处在一个关键时间节点上，实现我们的既定奋斗目标，实现中华民族伟大复兴中国梦，推进国家治理体系和治理能力现代化显得至关紧要。

推进国家治理体系和治理能力现代化，须及时总结新鲜经验，不断完善和发展我们的制度，同时也需要以史为鉴，汲取我国古代治国理政的经验和智慧。2014年10月，习近平同志在十八届中央政治局第十八次集体学习时郑重指出：“一个国家的治理体系和治理能力是与这个国家的历史传承和文化传统密切相关的。解决中国的问题只能在中国大地上探寻适合自己的道路和办法。”

本课题研究的主旨或意义是研究中国历史上的治理体系，总结历史经验，为今天推进国家治理体系和治理能力现代化提供学术支撑与智力支持。

这是新的研究领域、新的研究热点。历史理论研究所设有国家治理史研究室，是全国首个专门研究机构。系统研究中国历代治理体系，这在学界是第一次。本课题的最终成果，将是学界第一部该领域的研究专著。

本课题所指的“历代”，指从秦朝到中华民国。以秦朝作为研究上限容易理解——秦朝统一中国，推行郡县制，实行“车同轨，书同文，行同伦”，是中国历史上第一个中央集权君主专制的统一王朝。个别专题研究追溯到先秦可不可以？可以的。本课题的研究下限，按理应为1840年，因为鸦片战争以后，中国开始坠入半殖民地深渊，与此前主权独立时的国家治理不是一回事。不过，中国国家主权在鸦片战争后虽受到侵犯，但并没有完全丧失，围绕治理在某些方面还进行了探索和创新。因此，下限可以延伸到1949年中华民国覆灭。总之，大家酌情而定，不强求一律。

本课题的研究对象是国家制度，即历代与治国理政相关的制度，属顶层设计。也可以酌情论及一些约定俗成的做法和相关思想。

本课题的最终成果为一部书稿，由导论、十一个子课题（章）、结束语三部分组成。

关于课题研究，我提5点具体要求：

第一，坚持以唯物史观为指导。本课题政治敏感性强，意识形态属性强。因此，必须坚持正确的政治方向、学术导向和价值取向。这是老生常谈，但还是要强调一下。要做到观点鲜明，口径要正，避免引起争论或质疑。

第二，要有现实关怀。我们不是单纯地研究历史，不是为研究而研究；要以现实为参照系，充分发挥历史研究鉴古知今、资政育人的作用。本课题确定了11个子课题，包括中央与地方，行政与监督，吏治与用人，礼治与法制，经济与民生，思想与文化，生态与自然，民族治理，宗教治理，边疆治理，基层秩序。这是经过多次集体讨论确定的。人们通常喜欢用“十”这个数字来归纳，如十大问题、十大要求之类。其实不必刻意去凑这个数字，九、十一行不行？都可以，酌情而定。现在确定的这11个子课题，都是当代带有紧迫性的重大理论与现实问题，有现实针对性。

第三，写出亮点、重点，不求面面俱到。各子课题都是专题研究，题目很大。最初设计了10个子课题，考虑到“民族与宗教”题目太大，我提出一分为二，所以现为11个专题。关于这一方面，我再提3点具体要求：

（1）不能写成典章制度史。本课题名称是“历代”，不是断代，涉及制度的沿革、演变。因此，线索、脉络要交待清楚，但不能花过多笔墨考镜源流，在内容上要有所取舍，不必一律从秦朝一直写到民国——如果这么写，每个专题都可以写一百万字。要着眼今日之国情，围绕“治”“乱”二字来思考和总结，来谋篇布局。从治理角度讲，无非两种极端情况，“天下大治”或“天下大乱”，前者如文景之治、贞观之治，后者如安史之乱、三藩之乱，都与制度设计有关。民族问题，元代在制度设计上比较失败；清代就进步许多，遂有康乾盛世、开疆拓土。正反两方面，经验或教训，最值得我们今天总结、反思。

（2）做到史论结合。史实考订是必要的，但不能写成考证文章或专著。注释尽量减少、简化，不能占过多篇幅。要注重宏观性的总结分析，体现思想性。宏观与微观、全局与个案相结合，既不能碎片化，也不能泛泛而论。不发空洞议论，做到论从史出、言之有据。

课题主干或书稿正文是11个子课题，即11章。为避免成为拼盘，所以书稿前有“导论”、后有“结束语”，穿靴戴帽，这样就整合起来了。若时间允许，这两部分我来写。“结束语”要概括全书内容，要思考一些宏观层面的问题，如中国古代治理体系之沿革兴替、成败得失，要总结出几条来。各子课题也要如此。

这就涉及全书的体例。各专题研究（各章）按照怎样的体例来写？初步考虑，分两个部分，前简后详——先是综述，简论某个制度的兴废沿革、主要特点及作用等，以便读者对总体情况有个较清晰的了解；然后是各章的写作重点，从成败得失的角度总结出几条来，史论结合，逐一论述。要有个案，注重文字的生动性、可读性。

（3）每个子课题，至少写 7 万字。少于 7 万字，问题可能说不清楚。篇幅写到 10 万字也可以。各章不强求一律，不要求篇幅一致，视内容而定。

第四，把握好尺度，不说过头话。正面总结过去的治理体系、治理经验，要注意不能有溢美之词。中国古代和晚清、民国，从社会形态上讲，分别属于封建社会和半殖民地半封建社会。而今日之中国是社会主义中国。今天所说的中华民族伟大复兴，绝不是简单地再现汉唐雄风、康乾盛世，而是把我国建设成为富强民主文明和谐美丽的社会主义现代化国家，是在社会主义形态下振兴中华，是对以往一切文明和社会形态的超越，是一种更高层次的辉煌。说到底，研究历代治理体系属古为今用，不是为了颂古、复古，而是推陈出新，搞好今天的建设。

第五，注重原创性研究，严守学术规范。这个意思大家都明白，不多说了。

《北京城市影像志》序①

2019年是中华人民共和国成立70周年。在向新中国70华诞献礼而推出的诸多图书中，李健同志主编的《北京城市影像志——新中国成立70年北京百姓生活变迁史》值得关注。作为书稿最早的读者之一，我认为本书有两大特点或优点。

一是图文并茂，构思新颖。时下以新中国成立70周年为题推出的影像类图书蔚为大观，但该书不是单纯的影像集，而是“影像志”，由“北京映像”“北京故事”“北京纪事”三部分构成。编者有心参照编年体体裁，按年代顺序来编排图片，反映北京之变迁，使该书兼有方志色彩。“北京映像”为图片精选汇编，附以文字说明。历史研究着重解答“为什么”，即历史事件为什么发生、历史进程何以如此演变，但首先要回答“是什么”，即历史是怎样发生的，其真实面貌是什么。也就是说，求真求实是历史研究的第一要义。该书搜集整理了大量珍贵历史图片，真实展现了某个瞬间的历史画面或场景，属第一手资料。70年是个长时段、大历史，图片如何取舍难免见仁见智，编者在这方面费了心思。比较而论，上卷即改革开放前的篇幅相对单薄些，

① 李健主编《北京城市影像志——新中国成立70年北京百姓生活变迁史》（上、下册），北京出版集团2020年3月出版。本文为笔者应邀为该书写的序言。

但重要内容基本上都涵盖了，线索清晰。“北京故事”相当于特写或放大镜头，聚焦某个重大事件或重要时刻，结合图片进行铺叙，娓娓道来；或摄影师就某一主题长期拍摄，图片报道内容更为深入全面。我个人觉得，该书上卷的“30年，30张肖像照里的时代故事”，下卷的“老北京的名人故居”，很有意境和可读性。“北京纪事”是大事记，将历年重大事件按时序编排，便于读者了解相关历史背景及发展脉络，有助于克服影像类图书内容碎片化、条块分割的偏向。

二是以小见大，视角独特。选题太大，有可能大而无当，不易驾驭。该书不落窠臼，小处着手，大处着眼。北京地位特殊，是新中国首都，是首善之区，其发展变化是新中国沧桑巨变的一个缩影，具有代表性。与那些以政治、经济、文化、外交、军事等为主题的图书相比，本书关注的是百姓生活，诸如衣食住行、生活环境及其精神世界之类，似乎无足轻重、无关宏旨，其实不然。在我看来，这正是本书的独到之处，体现了编者的学术素养。人民群众是历史的创造者，也是历史的评判者。民生无小事。日子过得如何，是否有幸福感，老百姓的感受最真切、最直接。以寻常百姓视野，用百姓身边发生的事，通过记述70年来北京百姓生活之变迁，从一个侧面揭示新中国70年走过的光辉历程、取得的伟大成就，这可能更有亲和力和说服力，更容易使读者产生共鸣。

一张照片，一个瞬间，承载了一个故事；这么多图片串联起来，便构成一部形象灵动的历史。透过镜头看历史，进行今昔对比，着实令人感慨万千、嘘唏不已。譬如，改革开放之初，人们的服装依然简朴、单调、统一，稍许新潮一点便被斥为“奇装异服”，被视为崇尚资产阶级生活方式。1979 年春，法国时装设计师皮尔·卡丹在北京民族文化宫举办了新中国第一场时装表演。同年 9 月，北京首都机场出现以泼水节上三名裸体沐浴女子为题的壁画，海外媒体从中捕捉到中国社会趋于开放、多元的信号，认为这预示了真正意义上的改革开放。1980 年 9 月，北京第一家私人餐馆悦宾饭馆在王府井大街翠花胡同开业。思想解放、观念更新成为社会变革与发展的先导。再如，过去物资短缺，粮、肉、油、糖、布等生活必需品都是凭票供应。随着中国社会从温饱向小康过渡，北京于 1993 年 5 月放开粮油销售价格，粮票作为最后一种票据从此退出市场，成了收藏品。又如，20 世纪五六十年代，北京居家消费流行“四大件”，即手表、自行车、缝纫机、收音机；改革开放最初几年，又流行新“四大件”，即电视机、录音机、洗衣机、电冰箱；再往后，这些都成了小件，住房、轿车等成为新的消费热点。1984 年，在建的方庄小区成为北京第一个带有试验性的现代化住宅区；后来出现望京、回龙观等超大规模社区，常住人口超过 30 万人。再以市内交通为例，潮水般的自行车流、低档廉价的“黄面的”过去都是街头一景。拥有私人轿车曾是市民遥远的梦想，但随着私家车迅速普及，为缓解交通压力，不得不购车摇号、开车限号。线路不断扩展延伸的地铁，后来居上、令人啧啧称奇的高铁，新近投入运营的北京大兴国际机场，使人们的出行变得越来越便利。城市面貌方面，国庆 10 周年前夕，人民大会堂、中国革命历史博物馆等十大建筑顺利竣工，突出体现了我国全国一盘棋、集中力量办大事的政治优势；后又新添北京国际饭店、北京图书馆新馆、中国人民抗日战争纪念馆等“80年代十大建筑”；接着，又建成水立方、鸟巢、国家大剧院、中央电视台总部大楼、“中国尊”等著名建筑。生态环境方面，过去北京在春秋天常有沙尘暴，女同志出门普遍用丝巾蒙面；后来为防雾霾，几乎人人出门戴口罩。随着环境越来越美、蓝天增多，现在丝巾蒙面场景早已消失，戴口罩者也不多见。再如，偌大的北京治安很好，很有安全感。这在西方一些国际性大都市是难以想象的。还有许多文化遗存和事件已超越地域，成为共和国的共同印象或记忆，如长城、故宫、颐和园等，以及1984年国庆游行队伍中北京大学学生打出“小平您好”横幅、2003年抗击“非典”、2008年成功举办北京奥运会等。

上述内容主要关乎北京百姓生活，属社会建设范畴，而实际涉及的内容十分广泛，包括经济建设、政治建设、文化建设、生态文明建设，体现了中国特色社会主义“五位一体”总体布局，说明新中国成立70年所取得的发展成就是全方位的，且举世罕见。这么多年来，西方一直在鼓噪“中国崩溃论”，无非是说我们没有照搬他们那套政治制度，所以迟早要崩溃。但西方扯着嗓子喊了这么多年，中国并没有崩溃，而是发展得越来越好。事实胜于雄辩，尽管我们走过弯路、还存在不足，但无论从哪个方面看，当代中国都是在持续发展进步，而不是停滞，更不是倒退。本书内容正印证了这一点。“日出江花红胜火，春来江水绿如蓝。”我们仅用几十年时间就走完西方国家二三百年才走完的发展历程，近代以来久经磨难的中华民族迎来从站起来、富起来到强起来的伟大飞跃。这充分说明我们走在一条正确道路上。

70年峥嵘岁月，见证了中国共产党带领人民筚路蓝缕砥砺前行的光辉历程。对于这段峥嵘岁月、光辉历程，我们要怀有敬畏之心。不忘初心，方得始终。本书以百姓视角选图片、讲故事，读来有视觉冲击力，有思想震撼力，发人深省。回望历史，可以明白许多道理，其一就是要树立正确的历史观，咬定青山不放松，坚定不移走自己的路，做到不动摇、不懈怠、不折腾。展望未来，走中国路、圆中国梦，我们将走得更加坚定、自信和从容。我想，这是本书给予我们的一个有益启示。

后记

算上20年前和3年前先后出版的《沧桑足迹》《家国山河》，这本《触摸历史》算是我的第三本学术随笔。

友人最初约写此书时，我颇为踌躇，不知道时间是否允许，更主要的是觉得没有什么新的像样的文字。去年某个秋日，粗略拉了一份清单，包括近两年可大体划为学术随笔的文字，以及打算撰写的文章选题，觉得可以勉强凑成一本小册子，借此梳理思绪、整理旧稿、写点新稿。这便是我编写此书的缘起。

全书共收录27篇文章。与《家国山河》重复的文章仅有一篇，即《<罗尔纲全集>：20世纪史学的一座高峰和一面镜子》；回忆李文海老师一文标题虽相同，内容已有增补。总体上以近两年的文字居多。全书分三部分编排。

第一组回忆类文章计5篇，回忆5位前辈学者，包括我大学时代的启蒙老师，我攻读硕士、博士学位时的两位恩师，给予我很大帮助与影响的李文海老师，以及我所敬仰的学界泰斗罗尔纲先生。罗老是祖师爷级别的前辈学者，我有幸拜见过罗老，后又获罗老赠书和手札，虽接触极有限，但足以让我铭记至今。5位先生均已作古，然风采长存。我是带着感恩之心、感念之情写这些文章的。同时，它们记述了我在求学道路上蹒跚前行的足迹，以及个人对近40年来中国社会发展变化的一些印象和感触。

第二组文章计 11 篇，有游记，有几本专著的“后记”，有根据书信、学术讲座等整理的文字，也有较正式的学术札记或随笔。虽体裁不一，但都贯穿了太平天国史这一主题。《金田、紫荆之游》是全书唯一一篇游记，五千多字，断续写了一个多月，去年 11 月下旬完稿。以游记形式抚今追昔、寄托情怀，别有一番意境。三篇札记分别论及太平军中的鸡奸现象、太平天国基层官员的“开印酒”之风、战争背景下民间的“人相食”现象。

第三组文章同为 11 篇，《哈佛—燕京学社琐记》一文是旧稿，其余 10 篇均为新作。有多篇文字系根据在学术研讨会上的致辞或主旨发言整理而成；有为《史学理论研究》改刊所写的“卷首语”，为《北京城市影像志》一书写的序言；有对历史虚无主义思潮的解析，对改革开放前 30 年历史的解读，关于历史理论学科与人才队伍建设的思考，等等。时间跨度大（从晚清史到当代史），涉及主题多，大体都与历史理论相关。

我在《家国山河》一书“后记”写道：“散文用以表达心声、直抒胸臆，体裁多样，形式活泼，文字灵动。与命题作文相比，少了空话套话，少了装腔作势，少了水分；也不似学术论文那般曲高和寡，那般呆板晦涩。”不过，可自主支配的时间太少，从容思考的时间少，总是被各种事务撵着跑，好些文章想写写不了。这着实是种遗憾。

这本小册子于今年 2 月初定稿，时值防控新冠肺炎疫情的紧要关头，京城大雪纷飞，万木萧条，行人寥寥。时下杨柳依依，

万象更新，姹紫嫣红。愿疫情早日结束，家国吉祥，山河无恙，天下祥和。愿逝者安息，生者平安，岁月静好。

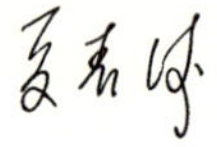

庚子年清明于北京大郊亭寓所